L&PMPOCKETENCYCLOPAEDIA

SANTOS DUMONT

Uma breve introdução

ALCY CHEUICHE

SANTOS DUMONT

Uma breve introdução

www.lpm.com.br

L&PM POCKET

Coleção **L&PM** Pocket, vol. 757

Primeira edição na Coleção **L&PM** POCKET: abril de 2009
Esta reimpressão: abril de 2023

Capa: Ivan Pinheiro Machado. *Ilustração*: Alberto Santos Dumont no *14-Bis* (1898). © Rene Dazy/Rue des Archives

Preparação de original: Patrícia Yurgel
Revisão: Lia Cremonese e Nanashara Behle

CIP-Brasil. Catalogação-na-Fonte
Sindicato Nacional dos Editores de Livros, RJ

C451s

Cheuiche, Alcy, 1940-
   Santos Dumont / Alcy Cheuiche. – Porto Alegre, RS : L&PM, 2023.
   128p. – (Coleção L&PM Pocket ; v. 757)

   ISBN 978-85-254-1831-9

   1. Santos Dumont, Alberto, 1873-1932. 2. Inventores - Brasil - Biografia. 3. Aviadores - Brasil - Biografia. 4. Aeronáutica - História. I. Título. II. Série.

08-5361.   CDD: 926.2913
                             CDU: 929:629.7

© Alcy Cheuiche, 2008

Todos os direitos desta edição reservados a L&PM Editores
Rua Comendador Coruja, 314, loja 9 – Floresta – 90.220-180
Porto Alegre – RS – Brasil / Fone: 51.3225.5777

Pedidos & Depto. comercial: vendas@lpm.com.br
Fale conosco: info@lpm.com.br
www.lpm.com.br

Impresso no Brasil
Outono de 2023

Sumário

Um encontro marcado no Brasil.................................7

Na beira dos trilhos da Ferrovia Dom Pedro II.........13

Arindeúva, a moderna fazenda de café......................18

Um adolescente descobre Paris..................................24

Voando em balão esférico, finalmente 32

O primeiro voo em balão dirigível............................40

O encontro com a princesa Isabel.............................49

Voando em torno da Torre Eiffel...............................58

A primeira mulher a voar em balão dirigível 67

O *14-Bis* decola em Bagatelle...................................75

A *Demoiselle*, um avião verdadeiro 85

O início da Primeira Guerra Mundial 95

De volta ao Brasil 100

O bombardeio do porto de Santos..........................109

Epílogo: Quem foi o pioneiro da aviação?...............116

Sobre o autor...123

Um encontro marcado no Brasil

Antes que a neve começasse a cair no hemisfério norte, partiu para o Brasil um jovem francês, destinado a nunca mais voltar para o seu país. Recém-casado com uma moça de Bordeaux, chamada Eufrásia, ficou abraçado à esposa até que a costa da França se perdesse no horizonte. O sogro trabalhava com pedras preciosas e confiara nele para ir comprá-las naquele país longínquo. Quis o destino que François Dumont desembarcasse no Rio de Janeiro exatamente no dia 2 de dezembro de 1825. A mesma data do nascimento do menino Pedro, que viria a ser o segundo imperador do Brasil.

François e Eufrásia não tiveram muito sucesso em terras brasileiras. Pouco se sabe das suas andanças em Minas Gerais, mas é certo que ele morreu cedo, deixando a viúva com três filhos pequenos. Do primogênito e do caçula, a história esqueceu. O filho do meio viria a ser o pai de Alberto Santos Dumont.

Henrique Dumont nasceu em Diamantina, Minas Gerais, no dia 20 de julho de 1832. Era uma época de grandes agitações políticas no Brasil. A Regência não conseguia controlar os movimentos libertários em diversas províncias, situação que perdurou até exatamente o dia 20 de julho de 1840, quando Henrique completou oito anos. Nesse dia, o menino Pedro, que nascera na mesma data em que o casal Dumont desembarcara no Rio de Janeiro, estava com quatorze anos. Mesmo assim, o povo exigiu sua maioridade para que pudesse subir ao trono como Dom Pedro II. E a memória poética guardou alguns versos que eram cantados pelas ruas da capital:

Queremos Dom Pedro II,
Embora não tenha idade,
O povo dispensa a lei,
E viva a maioridade!

A boa estrela de Henrique, um adolescente sem fortuna, órfão de pai, o fez receber a proteção do padrinho, também negociante de pedras preciosas. Raspando seus próprios bolsos e os de seus amigos, esse cavalheiro comprara o famoso diamante Estrela do Sul e o levou, costurado na roupa, para vendê-lo na Europa. Mas o melhor é que levou também, na mesma viagem, o jovem Henrique, para que seu afilhado pudesse prosseguir os estudos em Paris.

Assim, graças ao apoio do padrinho, inominado pelos historiadores, e de familiares com quem ficou hospedado em Paris, Henrique Dumont diplomou-se engenheiro civil na famosa École Centrale des Arts et Métiers. Corria o ano de 1853. O moço brasileiro, com altas notas e igual conceito entre colegas e professores, tinha apenas 21 anos de idade.

Voltando ao Brasil, Henrique foi contratado pelo Serviço de Obras Públicas de Ouro Preto, então capital de Minas Gerais. Pouco tempo depois, em uma igreja barroca, entre o dourado dos altares e as magníficas esculturas de Aleijadinho, seus olhos castanhos encontraram, pela primeira vez, os olhos negros de Francisca. Foi, como dizem os franceses, *un coup de foudre*, um golpe de amor à primeira vista, que os uniria para sempre. Aquela moça morena, rosto suave, cabelos negros e grandes olhos pensativos, estava destinada a ser a mãe de Alberto Santos Dumont.

Francisca era filha do comendador Francisco de Paula Santos, cujo pai nascera em Portugal e orgulhava-se de ser transmontano. No entanto, segundo alguns historiadores, era da mesma família de Felipe dos Santos, o precursor de Tiradentes nos movimentos libertários do Brasil, morto e esquartejado pelas autoridades coloniais portuguesas. Dona Rosalina, mãe de Francisca, morrera na epidemia de febre amarela de 1854. Órfã de mãe, a menina ficou dois anos sob os cuidados da avó espanhola, dona Emerenciana de Jesus, matriarca de temperamento forte. Esse detalhe parece ter apressado o casamento.

Henrique e Francisca, casados em 1856, seguiram morando em Ouro Preto onde nasceu, no ano seguinte, o primeiro filho, batizado de Henrique, como o pai. Em 1860, quando nasceu Maria Rosalina, já estavam vivendo na fazenda Gongo Soco, perto de Santa Bárbara, interior de Minas Gerais. Ali, o engenheiro despendeu seus poucos recursos tentando retirar ouro de veios em decadência.

Logo depois, em sociedade com o sogro, Henrique Dumont comprou a fazenda Jaguará, junto ao Rio das Velhas, próximo de Sabará, onde também fracassou na mineração de ouro.

De temperamento determinado, em lugar de vender a fazenda, o engenheiro resolveu mudar o foco de seus negócios. Equipou-se para o corte de madeira e fechou contrato com a direção das famosas minas de Morro Velho, que estava reformando suas antigas galerias. Para o transporte rápido das toras, não tardou a assustar o povo ribeirinho com a fumaça e o ruído do motor do seu barco, o primeiro movido a vapor que navegou naquelas águas.

Na verdade, nos anos passados em Jaguará, Henrique e Francisca nada ganharam, a não ser os filhos que lá nasceram, Virgínia, Luís e Gabriela. Um incêndio causou enormes prejuízos em Morro Velho, o contrato de compra de madeira foi suspenso por falta de verbas e nenhum pagamento foi feito ao engenheiro.

Assim, em uma manhã chuvosa de 1871, o casal colocou seus cinco filhos e alguns móveis a bordo do barco a vapor e, com os olhos pousados nos montes de árvores tombadas e perdidas, seguiu em busca de um novo destino. Dali em diante, somente tinham a certeza de que em mineração e corte de madeira não trabalhariam mais.

O próximo trabalho daria a Henrique a oportunidade de provar seus conhecimentos de engenharia. Iniciava-se o ano de 1872, e o Império do Brasil, liberto da Guerra do Paraguai, começava a investir recursos em aplicações mais importantes do que a fundição de canhões. Algumas obras foram iniciadas, outras retomadas em ritmo acelerado. Entre elas, a Ferrovia Dom Pedro II, sonho do imperador, que ligaria o Rio de Janeiro a Ouro Preto.

Ao engenheiro Henrique Dumont coube a empreitada de construir um dos trechos mais difíceis da ferrovia, no alto da serra da Mantiqueira, nas proximidades de Barbacena. Levou a família consigo, como sempre fazia, e teve de amontoá-la, junto com seus móveis, em uma casa pequena. O local, hoje famoso, chama-se sítio Cabangu e abriga um magnífico museu dedicado ao "pai da aviação". Foi ali, na beira dos trilhos, que nasceu o menino Alberto Santos Dumont.

Na beira dos trilhos da Ferrovia Dom Pedro II

No meio da manhã de 20 de julho de 1873, dia em que Henrique Dumont completava 41 anos de idade, uma locomotiva fumacenta veio buscá-lo no canteiro de obras. O maquinista e o foguista, muito excitados, traziam um recado da escrava Ordália, esposa de Damião, parteira, cozinheira e mandachuva da pequena equipe doméstica de Francisca. Acabara de nascer um menino; a mãe passava bem, mas pedia, logo que possível, a presença do pai.

Não tendo como fazer o retorno na estrada em construção, foi de marcha a ré que a Maria-Fumaça levou o engenheiro de volta para casa. No trajeto até o sítio Cabangu, mesmo feliz com o presente de aniversário, ele começou a preocupar-se com a chegada do sexto filho. Dentro em pouco as obras estariam concluídas, e era mister levar a esposa para um local mais confortável, mais perto da civilização. Ele também estava começando a década que o levaria aos cinquenta anos. Era preciso conquistar uma situação econômica mais estável para sua família.

No pequeno chalé, que hoje atrai, a cada ano, milhares de turistas de todo o mundo, Henrique encontrou Francisca feliz com o bebê rosado e cabeludo a seu lado. O parto fora normal e uma única preocupação formava ruga entre seus olhos. Queria amamentar o filho, o que não fizera com os outros, sempre entregues a escravas amas de leite. Ordália era contra, mas Henrique, com sua autoridade patriarcal, concedeu à esposa o privilégio de amamentar, raro entre os brancos de posses naqueles tempos. E assim, o menino Alberto, como foi batizado, mamou até os dois anos de idade nos seios de sua própria mãe.

O nome Alberto, que não era de família, foi sugerido pelo pai para homenagear seu professor de cálculo, *monsieur* Lagrange. Graças ao que aprendera com ele, tinha conseguido assentar os trilhos com perfeição naquele trecho montanhoso da ferrovia. Mas Francisca só aceitou o nome depois que o marido provou, consultando o Larousse, que Alberto era nome de santo. Para Henrique, o melhor fora descobrir que Santo Alberto tinha sido professor de São Tomás de Aquino. Assim, estariam homenageando dois professores ao mesmo tempo.

Naquela noite, depois que o silêncio tomou conta da pequena casa, o engenheiro pegou a pena e escreveu ao comendador Francisco de Paula Santos a carta que iria mudar o seu destino.

Sítio de Cabangu, 20 de julho de 1873.

Muito estimado sogro e amigo:

Espero que esta o encontre gozando de muita saúde e paz de espírito.

Peço-lhe desculpas pela demora em responder à sua carta de 18 de junho próximo passado. Poderia tentar justificar-me pelas dificuldades técnicas que tenho sido obrigado a superar na difícil empreitada que assumi com a construção deste trecho da Estrada de Ferro Dom Pedro II. Mas, graças a Deus, estamos agora na fase final de assentamento dos trilhos, com todas as obras de arte prontas e as contas em dia, apesar de muitos atrasos de pagamento por parte do Governo.

Não foi, porém, estimado sogro, o trabalho, sempre árduo e penoso, que me fez postergar a resposta de sua amável carta, mas sim a necessidade de pensar sobre sua proposta, para dar-lhe uma resposta definitiva.

Antes porém de tratarmos de negócios, deixe que eu lhe dê uma ótima notícia. Na manhã de hoje, dia em que estou completando 41 anos de idade, nossa querida Francisca deu à luz seu sexto neto. Imagine a minha alegria com tão inusitado presente de aniversário! Um menino forte e saudável que será batizado com o nome de Alberto.

Como das outras vezes, Ordália cuidou do parto com competência, mas está reclamando muito porque Francisca decidiu amamentar o bebê. Isso me alegra, por ser o desejo dela, mas me preocupa em relação à sua saúde. É claro que na Europa a maioria das mulheres amamenta seus filhos, mas é preciso ter muito cuidado com este primeiro mês, no qual não são raras as febres e outros incômodos. Enfim, nossa Francisca está tão feliz que decidi deixar tudo nas mãos de Deus.

Desde o nosso casamento, há quase vinte anos, temos vivido longe da civilização. Francisca nunca se queixou de nada, mas sei que está na hora de dar-lhe mais conforto e segurança.

Assim sendo, estimado sogro e amigo, embora totalmente inexperiente na cultura do café, decidi aceitar sua proposta e mudar-me com a família para sua fazenda de Valença. A proximidade do Rio de Janeiro será benfazeja para os estudos de Henrique e, desde já, peço-lhe ajuda para conseguir-lhe matrícula em um bom colégio. Confesso que temo pelo futuro de seus cafezais, entregues às mãos de um engenheiro civil. Mas conto com sua orientação técnica e paternal para não decepcioná-lo.

Se Deus quiser, até o fim do ano terei o prazer de embarcar para Valença com a família, viajando por esta estrada de ferro que estou ajudando a construir. Se for do seu desejo, levarei comigo os trinta e poucos escravos que possuo. Caso contrário, os venderei em Ouro Preto, ficando apenas com Damião, Ordália e as mucamas de Francisca.

Fico no aguardo de suas instruções.

Desejando-lhe muita saúde e prosperidade e mais uma vez grato por sua amizade e confiança, subscrevo-me com um forte abraço.

Henrique

Arindeúva, a moderna
fazenda de café

Henrique Dumont teve tanto sucesso nos cafezais do sogro que, depois de seis anos de trabalho, reuniu capital suficiente para começar sua própria lavoura. Foi um período profícuo também para a família, agora com oito filhos, depois do nascimento de duas meninas, Sofia e Francisca.

Naquele ano de 1879, quando Alberto completou seis anos de idade, a família Dumont partiu para Ribeirão Preto, então um modesto burgo, no interior de São Paulo. Henrique tinha comprado a fazenda Arindeúva, de José Bento Junqueira, decidido a desbravar aquelas terras situadas a três dias de viagem da ponta dos trilhos da Mogiana. Ou seja, lá no fim do mundo.

E foi ali que Henrique Dumont, sempre cercado pela família, conseguiu organizar, na linguagem da imprensa contemporânea, "a primeira fazenda de café tecnicamente organizada de todo o país". Organizada e imensa. Ao final de dez anos de trabalho, a fazenda Arindeúva estava com suas terras cobertas por cinco milhões de pés de café.

O próprio Alberto Santos Dumont, no seu livro de memórias, *Dans l'air*, publicado em Paris no ano de 1904, assim se refere aos anos fecundos que passou entre os cafezais:

Dificilmente se conceberia meio mais sugestivo para a imaginação de uma criança que sonha com invenções mecânicas. Aos sete anos, já eu tinha permissão para guiar as locomóveis de grandes rodas empregadas na nossa propriedade nos trabalhos de campo. Aos doze, deixavam-me tomar o lugar do maquinista das locomotivas Baldwin que puxavam os trens carregados de café nas sessenta milhas de via férrea assentadas entre as plantações. Enquanto meu pai e meus irmãos montavam a cavalo para irem mais ou menos distante ver se os cafeeiros eram tratados, se a colheita ia bem ou se as chuvas causavam prejuízos, eu preferia fugir para a usina, para brincar com as máquinas de beneficiamento.

Todas essas máquinas, bem como as que forneciam a força motriz, foram os brinquedos da minha meninice. O hábito de vê-las diariamente ensinou-me, muito depressa, a reparar qualquer de suas partes.

Acredito que o homem conquistará o ar com o emprego de máquinas voadoras mais pesadas que o meio onde se movem. Olho para o futuro com esperança.

Quando escreveu essas palavras, Alberto ainda não havia vencido o desafio de levantar voo em um aparelho mais pesado do que o ar, o que aconteceria dois anos mais tarde, em 1906, mas fora ele o primeiro a colocar um motor a gasolina debaixo de um balão cheio de gás, em seu primeiro dirigível, em 1897, estarrecendo os franceses com seus passeios nos céus de Paris. Não mais com balões redondos levados pelo vento, mas com balões em forma de charuto, equipados com motores cada vez mais potentes. Engenhos que ele conhecia na intimidade; fato que foi, certamente, o grande segredo do seu sucesso.

Ainda no seu livro de memórias, Alberto recorda das leituras de ficção científica que fazia na infância, e as considera importantes como fonte inspiradora de novas invenções:

Nesse tempo, confesso, meu autor preferido era Júlio Verne. A sadia imaginação desse grande escritor, atuando com magia sobre as imutáveis leis da matéria, me fascinou desde a infância. Nas suas concepções audaciosas eu via, sem nunca me embaraçar em qualquer dúvida, a mecânica e a ciência dos tem-

pos do porvir, em que o homem, unicamente pelo seu gênio, se transformaria em um semideus.

Júlio Verne morreu em 1905, um ano antes do primeiro voo do *14-Bis*. Mas, devido ao sucesso dos balões dirigíveis de Santos Dumont, tornou-se seu admirador. Principalmente depois do voo em torno da Torre Eiffel, em 1901, em que o brasileiro venceu o Prêmio Deutsch, o mais ambicionado por todos os pioneiros da aeronáutica.

A esse respeito, é interessante reproduzir outro trecho do mesmo livro de memórias, onde Santos Dumont se refere a uma brincadeira da sua infância, "Passarinho voa?"

O divertimento é muito conhecido. As crianças colocam-se em torno de uma mesa, e uma delas vai perguntando em voz alta: Pombo voa? Galinha voa? Abelha voa? E assim sucessivamente. A cada chamada, todos nós devíamos levantar o dedo e responder. Acontecia, porém, que, de quando em quando, gritavam: Cachorro voa? Raposa voa? Ou algum disparate semelhante, a fim de nos surpreender. Se algum levantasse o dedo, tinha de pagar uma prenda.

E meus companheiros não deixavam de piscar o olho e sorrir maliciosamente cada vez que perguntavam: Homem voa? É que, no mesmo instante, eu erguia meu dedo bem alto e respondia: Voa! E me recusava a pagar prenda.

Muitos anos depois, entre as milhares de cartas que Santos Dumont recebeu ao ganhar o Prêmio Deutsch, inclusive uma de Júlio Verne, a que mais o emocionou foi a seguinte, escrita por um amigo de infância, em Arindeúva:

Você se lembra, Alberto, do tempo em que brincávamos juntos de "Passarinho voa?" A recordação dessa época veio-me ao espírito no dia em que chegou ao Rio a notícia do seu triunfo.
O homem voa, meu caro! Você tinha razão em levantar o dedo, pois acaba de demonstrá-lo voando por cima da Torre Eiffel.
E tinha razão em não querer pagar prenda. O senhor Deutsch paga-a por você. Bravo! Você bem merece esse prêmio de cem mil francos.
O velho jogo está em moda em nossa casa mais do que nunca; mas desde o dia 19 de outubro de 1901 nós lhe trocamos o nome e modificamos a regra: chamamo-lo agora o jogo do "Homem voa?", e aquele que não levantar o dedo à chamada, paga prenda.

Seu amigo,
Pedro

Os cem mil francos do prêmio foram distribuídos por Santos Dumont entre seus auxiliares e os pobres de Paris. Sem dúvida, a maneira como o pai tratava os trabalhadores na fazenda de café foi fundamental para a educação social de seus filhos.

Henrique Dumont sempre foi republicano, usando gravata vermelha, hábito que transmitiu a Alberto, quando isso ainda era um pecado. Foi grande leitor e admirador de Victor Hugo e o provou na prática. Bem antes da Lei Áurea, libertou todos seus escravos e mandou buscar da Itália, à custa sua, numerosas famílias de trabalhadores rurais. Outro segredo do sucesso que obteve com seus cafezais.

Um adolescente descobre Paris

Tudo acontecera muito rápido. O acidente com Henrique Dumont, a venda da fazenda e a viagem para Paris.

O acidente ocorreu no início do ano de 1891. Foi o resultado de um *hobby* do engenheiro, que adorava cavalos de raça e costumava atrelá-los à sua charrete, incitando-os a correr entre os cafezais. Imaginem um puro-sangue inglês em plena corrida, a derrapagem da pequena carroça em uma curva fechada, o cocheiro sendo jogado longe. O desespero de Francisca quando o trouxeram para casa, desmaiado.

Henrique escapou por pouco da morte. Ficou por muitas horas sem sentidos e, quando despertou, estava com o rosto repuxado, o lado esquerdo do corpo com poucos movimentos. Os médicos de São Paulo diagnosticaram uma hemiplegia, consequente à concussão cerebral. Obtendo alguma melhora, depois de alguns meses de sofrimento, decidiu partir para Paris onde iria consultar os mais famosos clínicos e passar uns meses nas termas de Lamalou-les-bains.

Antes disso, porém, como era do seu temperamento, tomou uma atitude radical; já que não tinha saúde para continuar dirigindo seus negócios agrícolas, vendeu a fazenda Arindeúva para um grupo industrial liderado pelo engenheiro Paulo de Frontin. O preço de doze mil contos jamais tinha sido pago, no Brasil, por uma propriedade rural.

Do dinheiro recebido, Henrique e Francisca reservaram uma terça parte. Sobraram, assim, oito mil contos para serem divididos entre os oito filhos. E foram os mil contos de Alberto, como veremos a seguir, que lhe permitiram investir em seu sonho de voar.

Esse sonho, logo nos primeiros dias que chegou a Paris com seus pais, no outono de 1891, ele tentou transformar em realidade. Obteve, através de um catálogo, o endereço de um aeronauta profissional e foi procurá-lo. O cidadão resolveu depenar aquele *poulet* tão bem vestido e falando francês quase sem sotaque. Decisão reforçada ao saber que ele vinha do Brasil, terra de onde só chegava, na Europa, gente muito rica.

O próprio Santos Dumont, no livro *Dans l'air*, reproduz as palavras do vigarista:

Minha remuneração será de 1.200 francos. Além disso, o senhor assinará um contrato declarando que se responsabiliza por qualquer acidente na sua pessoa e na minha, em benefício de terceiros, bem como por qualquer dano que suceder ao balão e seus acessórios. O senhor ficará com o encargo de pagar nossas passagens de volta e o transporte do balão com sua barquinha na estrada de ferro, do lugar em que aterrarmos, até Paris.

Alberto ainda não recebera a sua herança. Tinha dezoito anos e só poderia herdar na maioridade, aos 21. Poderia conseguir o dinheiro com seus pais, mas, se gostasse do passeio, não poderia repeti-lo. Assim, com muita mágoa, desistiu daquele voo.

Hoje se sabe que ele fez muito bem em livrar-se do aeronauta, um verdadeiro trapalhão. Em seu currículo, já constavam dois acidentes graves: o choque com a chaminé de uma usina e a queda sobre a casa de um camponês. Neste último, o balão incendiara-se em contato com as fagulhas que saíam da chaminé, e a casa também fora reduzida a cinzas.

Como a sua paixão eram os motores, Alberto tratou de buscar consolo no automobilismo. Tarefa também difícil. Mesmo em Paris, os automóveis ainda eram muito raros. Mais uma vez, consultou os catálogos comerciais e localizou o seguinte "reclame", como eram chamadas as publicidades da época:

Fábrica de automóveis Peugeot

O veículo sem cavalos já é fabricado em França. Os senhores Armand e Eugène Peugeot o convidam a visitar sua oficina em Valentigney para uma demonstração sem compromisso do "quadriciclo Peugeot tipo 3", a maravilha do século xix.

Se você é um "sportsman", não deixe de conhecer a viatura automóvel que acompanhou todo o percurso da corrida de bicicletas Paris-Brest-Paris, sem nunca ficar para trás.

Alberto avisou os pais por telefone e, naquele mesmo dia, tomou um trem na gare de Lyon. O destino era a fronteira da Suíça, onde ficava a pequena cidade de Valentigney, às margens do rio Doubs. Ali viviam os irmãos Peugeot, mais conhecidos como fabricantes de bicicletas. Tinham montado apenas dois quadriciclos naquele ano, e foi com alívio que conseguiram vender um para aquele jovem brasileiro. O preço? Dois mil francos. Um pouco mais do que o aeronauta pedira pelo passeio de balão, e isso se não acontecesse nenhum acidente.

Como a história se repete, a viagem do jovem Santos Dumont de volta para Paris lembrou muito a de seu pai pelo Rio das Velhas, assustando os ribeirinhos com a fumaça e o estrondo do motor de sua barca. A "viatura automóvel" tinha o formato de uma carrocinha de quatro rodas, com o motor de três cavalos e meio debaixo do banco do cocheiro, digo, do *chauffeur*.

O motor Daimler, fabricado na Alemanha, tossia como um tísico às portas da morte e liberava pelo cano da descarga uma fumaça preta com cheiro de óleo de rícino, produto mais usado para estimular intestinos preguiçosos. Mas o pior, para os camponeses, foi constatar que aquele veículo sacolejante, fedorento e fumacento como o próprio diabo, não era puxado por nenhum cavalo.

Em Paris, ninguém jogou pedras no Peugeot de Santos Dumont, mas ele mesmo conta como despertava curiosidade.

Nesse tempo não existia ainda nem licença de automóvel nem exame de motorista. Quando alguém dirigia a nova invenção, pelas ruas da capital, era por sua própria conta e risco. E tal era o interesse popular, que eu não podia parar em certas praças, como a da Ópera, com receio de juntar a multidão e interromper o trânsito.

Daí em diante, tornei-me adepto fervoroso do automobilismo. Entretive-me a estudar seus diversos órgãos e a ação de cada um. Aprendi a tratar e consertar a máquina. E quando, ao fim de sete meses, minha família voltou ao Brasil, levei comigo o meu Peugeot.

A paixão de Alberto pelos motores não passou despercebida por seu pai. Houve inclusive uma cena, narrada por muitos historiadores, que é emblemática.

Naquele ano de 1891, a gigantesca torre metálica, obra polêmica do engenheiro Gustavo Eiffel, estava com dois anos de idade. Fora erguida para as comemorações do centenário da Revolução Francesa e, no chamado Campo de Marte, junto dela, continuava a encantar os visitantes uma fantástica exposição científica e cultural.

Depois de impressionar-se ao subir por um elevador, movido pelas águas do Sena, os trezentos metros da torre, Alberto acompanhou seu pai na visita ao pavilhão onde estavam os novos inventos da engenharia. E ali, diante de um pequeno motor a gasolina, Henrique surpreendeu o filho ainda mais extasiado do que com a imensa Torre Eiffel. E quando ele lhe explicou o que gostaria de fazer com aquele motor, o engenheiro achou que chegara o momento de agir.

– Eu vejo este motor funcionando debaixo de um balão. Vejo o balão sendo dirigido, por mim, como um barco, pelo céu. Bobagem minha, não é?

Henrique não achou que era uma bobagem. E, ao voltar ao Brasil, tomou a decisão que encaminharia o filho a preparar-se para cumprir seu destino. Em São Paulo, os dias de diversão de Alberto, estarrecendo o povo com o primeiro automóvel a circular naquela cidade, estavam irremediavelmente contados. Sem muitas delongas, o pai o levou a um cartório e deu-lhe a maioridade. E disse-lhe as seguintes palavras, transcritas por Santos Dumont em seu livro autobiográfico, *O que eu vi, o que nós veremos*:

Já lhe dei hoje a liberdade; aqui está mais este capital. Tenho ainda alguns anos de vida: quero ver como você se porta. Vá para Paris, o lugar mais perigoso para um rapaz. Vamos ver se você se faz um homem. Prefiro que não se faça doutor. Em Paris, com auxílio de nossos primos, você procurará um especialista em física, química, mecânica, eletricidade etc. Estude essas matérias, e não se esqueça de que o futuro do mundo está na mecânica. Você não precisa pensar em ganhar a vida; eu lhe deixarei o necessário para viver.

Palavras proféticas, que falhariam apenas quanto à sua própria expectativa de vida. Alberto tinha chegado há poucos dias em Paris, quando recebeu a triste notícia: Henrique Dumont falecera, no Rio de Janeiro, no dia 30 de agosto de 1892.

Voando em balão esférico,
finalmente

De 1892 a 1898, Alberto Santos Dumont seguiu à risca os conselhos do pai. Tornou-se o melhor discípulo do professor Garcia, um *savant* em todas as matérias que necessitava aprender, principalmente a mecânica. Não se formou em engenharia, mas frequentava, quando seu mestre achava conveniente, algumas aulas na École Centrale des Arts et Métiers, onde estudara seu pai. Foi também aluno visitante na Escola de Engenharia de Londres, mas, como ele mesmo explica, buscou principalmente na prática o seu próprio caminho.

Nascia então a voga dos motociclos. Comprei um, e meu entusiasmo foi tão grande que instituí em Paris, pela primeira vez, uma corrida de mototriciclos. Aluguei por uma tarde o velódromo do Parc des Princes e organizei uma corrida com prêmios oferecidos por mim. As pessoas "de bom senso" prognosticaram um desastre. Eram de parecer que, em uma pista de bicicletas, em virtude da rapidez das curvas, os triciclos tombariam e se quebrariam. Se não sucedesse isso, a inclinação do solo forçaria a parada do carburador ou atrapalharia o seu funcionamento, o que, do mesmo modo, redundaria na queda dos veículos. Os diretores do velódromo, ainda que aceitando meu dinheiro, recusavam conceder-me a pista numa tarde de domingo. Temiam um fiasco. O sucesso retumbante da corrida desapontou-os.

É interessante ressaltar alguns aspectos desse texto. O primeiro, é o pioneirismo de Santos Dumont, fruto de sua coragem em enfrentar desafios. Um brasileiro, com apenas vinte anos, organizar a primeira corrida de motocicletas em Paris soa, até hoje, como uma grande façanha. Mas os motociclistas não devem saber disso, porque nunca fazem homenagens a ele. Talvez porque as conquistas na aeronáutica tenham lançado sombra sobre seus outros feitos pioneiros.

O segundo aspecto a considerar é que Santos Dumont não estava interessado em vencer a corrida e sim em saber como as motocicletas, ainda primitivas, iriam se comportar frente àquele desafio. Principalmente os carburadores, peça essencial nos motores a gasolina. E não foi por acaso que, alguns anos mais tarde, ele utilizou um motor de motocicleta em seu primeiro balão dirigível.

O terceiro ponto, o mais interessante de todos, é quando ele menciona as pessoas "de bom senso" que previam um desastre e até torciam por ele. Esse tipo de pessoa costuma ser o maior obstáculo aos inventores, agindo de boa ou de má vontade. Foram elas que obrigaram Santos Dumont a voar a favor, e não contra o vento, em seu primeiro teste com balão dirigível. Somente depois que se espatifou contra umas árvores, teve o direito de proceder, com um novo balão, da maneira que considerava certa.

Mas isso é matéria de um outro capítulo. Agora, o interessante é contar como Santos Dumont, depois de sete anos de espera, voou pela primeira vez no balão esférico dos senhores Lachambre e Machuron. Ou melhor, deixar que ele mesmo conte essa experiência.

Às onze horas os preparativos estavam terminados. Uma brisa fresca acariciava a barquinha, que se balançava suavemente sob o balão. A um dos cantos dela, com um saco de lastro na mão, eu aguardava com impaciência o momento da partida. Do outro lado, o sr. Machuron gritou:

– Larguem tudo!

No mesmo instante, o vento deixou de soprar. Era como se o ar em volta de nós estivesse imobilizado. É que havíamos partido, e a corrente de ar que atravessávamos nos comunicava sua própria velocidade. Eis o primeiro grande fato que se observa quando se sobe num balão esférico. A ilusão é absoluta. Acreditar-se-ia não que é o balão que se move, mas que é a terra que foge dele e se abaixa.

Aldeias e bosques, prados e castelos desfilavam como quadros movediços, em cima dos quais os apitos das locomotivas desferiam notas agudas e longínquas. Com os latidos dos cães, eram os únicos sons que chegavam ao alto. A voz humana não vai a essas solidões sem limites. As pessoas apresentavam o aspecto de formigas caminhando sobre linhas brancas, as estradas; as filas de casas assemelhavam-se a brinquedos de crianças.

Alberto estava enfeitiçado. Aquele dia, 23 de março de 1898, ficaria marcado para sempre em sua memória. Basta a leitura do pequeno trecho transcrito para sentirmos o quanto a emoção guiou-lhe a pena, sem que o cientista, dentro dele, perdesse um único detalhe técnico. Tanto é verdade, que levou consigo um aparelho fotográfico Kodak, grande novidade na forma portátil, e documentou os principais momentos desse passeio – hábito que manteria em todas suas experiências aeronáuticas futuras.

Ao contrário dos irmãos Wright, desde seu primeiro voo Santos Dumont partilhou o resultado de suas experiências com amigos, colegas e, principalmente, com a imprensa. Quem quiser saber exatamente como foi sua vida de pioneiro da aviação, deve consultar as coleções de revistas e jornais da época, principalmente *Le Matin*, *L'Illustration* e *La vie au grand air*.

Henri Lachambre e seu sobrinho Aléxis Machuron eram verdadeiros profissionais, muito diferentes daquele primeiro balonista que tentou extorquir dinheiro de Alberto. Tanto é que o passeio de duas horas custou-lhe apenas 250 francos, quase mil francos menos do que o vigarista pedira. E não houve necessidade de assinar nenhum contrato responsabilizando-se pelas avarias.

Lachambre e Machuron costuravam, como se dizia, os melhores balões da época. Por isso, não se surpreenderam quando o jovem brasileiro os procurou no dia seguinte ao primeiro voo para encomendar-lhes um balão. Logo veriam que aquele não era um cliente qualquer. Ele sabia exatamente o balão que desejava construir: o menor do mundo.

Para que se entenda melhor o pensamento de Santos Dumont, os balões esféricos, desde os primeiros inventados pelos irmãos Montgolfier, um século antes, tinham capacidade para quinhentos a dois mil metros cúbicos de gás. Isso significava um grande custo em seda chinesa, material comumente empregado, além do próprio gás, do verniz e da rede de proteção. Pois Alberto expôs seu projeto de um balão com apenas cem metros cúbicos de gás e feito com seda japonesa, que ele logo provou ser mais leve e mais resistente.

Henri Lachambre, veterano da guerra franco-prussiana, guardava uma espécie de disciplina militar em suas maneiras. Aos 53 anos de idade, acreditava saber tudo sobre aerostação, mais ainda do que seu sobrinho Aléxis Machuron, e recusou-se a construir aquele balão "liliputiano", como queria o brasileiro. Para ele, uma esfera tão pequena não subiria e, se subisse, não teria estabilidade nas correntes de ar. Além disso, o balonista, na sua opinião, deveria ficar imóvel o tempo todo, caso contrário, deslocaria bruscamente o centro de gravidade e seria jogado para fora da barquinha.

Santos Dumont, alongando as cordas entre o balão e a barquinha, provou aos dois franceses que o centro de gravidade ficaria idêntico ao dos balões maiores. Como ele pesava apenas cinquenta quilos e usaria uma barquinha pequena e leve, nada o impediria de subir e descer quando desejasse.

E foi assim, mais uma vez contrariando as expectativas pessimistas, que Santos Dumont convocou seus colegas aeronautas para o primeiro voo do *Brasil*, o menor balão esférico do mundo. O local de ascensão foi o Jardin d'Acclimation, um belo parque parisiense. A data: 4 de julho de 1898, dia da independência dos Estados Unidos, país que ele muito admirava.

Antes da tentativa de subir aos céus, o brasileiro revelou à imprensa a razão de ter desejado voar em um balão daquelas dimensões, mesmo sendo capaz de pagar a construção de um outro bem maior. Seu desejo era o de que a aerostação se transformasse em um esporte popular, da mesma forma que o automobilismo e o motociclismo. Com um preço mais razoável, muitas pessoas poderiam comprar seus próprios balões, retirando o balonismo das mãos de poucos privilegiados e exibicionistas de feiras.

Esse pensamento socialista de Santos Dumont, embora ele próprio fizesse parte da elite, o acompanhou durante toda a vida. Para prová-lo, jamais registrou em seu nome nenhum dos seus inventos. Liberou seus planos para serem copiados por quem quisesse. E tornou-se, por isso, um dos inventores mais admirados do seu tempo.

Voltemos, porém, alguns momentos, àquela manhã ensolarada em que o pequeno *Brasil*, diminuto ao lado de dois balões dez vezes maiores do que ele, chamava a atenção dos parisienses. Uma bela mulher, madame H..., que os alcoviteiros diziam ser amante do jovem brasileiro, fez o batismo com *champagne*. Neste caso, não o fez quebrando a garrafa, como acontece com os navios, e sim brindando o líquido espumante em taças de cristal Madame Pompadour, que a tradição dizia terem sido moldadas nos seios da famosa *maîtresse* do rei Luís XV.

As palavras de batismo da madrinha foram transcritas pelos jornais do dia seguinte:

– *Brésil tu t'appelleras! Sois heureux, envole-toi dans les airs... et que Dieu te protège!* (Brasil tu te chamarás! Seja feliz, ergue-te nos ares... e que Deus te proteja!)

Livre das amarras, o *Brasil* começou a subir lentamente para o céu azul. Presa à cordoalha, uma longa flâmula verde-amarela era a prova do amor daquele aeronauta de 25 anos por seu país distante, do outro lado do mar.

O PRIMEIRO VOO EM
BALÃO DIRIGÍVEL

Voar em balão esférico logo se tornou pouco para Santos Dumont. A impossibilidade de retornar ao ponto de partida tornava esse equipamento, já centenário, só atraente para pessoas com sede de aventuras. O voo ao sabor do vento tinha seus encantos, mas obrigava, muitas vezes, o aeronauta a descer em lugares distantes, de onde devia conseguir transporte para si mesmo e toda a tralha do balão desinflado. E quando o esporte era praticado próximo ao mar, era comum perder-se todo o equipamento nas águas, e até a própria vida.

Aconteceram também casos extremos, narrados pela imprensa europeia. Arrastado por uma tempestade, um balão atravessou a fronteira de dois países em guerra e foi alvejado como se estivesse fazendo espionagem. Desde 1870, quando autoridades francesas, lideradas pelo ministro Léon Gambetta, conseguiram sair de Paris, sitiada pelos prussianos, em um balão Montgolfier, a aeronáutica tinha-se incorporado aos recursos bélicos.

Em sua primeira visita à França, como já contamos, Alberto confessara ao pai seu sonho de dar dirigibilidade aos balões. Durante os sete anos em que não voara, dedicara-se ao estudo dos motores, na teoria e na prática. Mas, antes de tentar colocar um deles sob um balão, era necessário ganhar experiência em relação às manobras básicas da partida, equilíbrio aéreo e aterrissagem. Por isso, ele afirma no livro *Dans l'air*:

Ter manobrado pessoalmente um balão esférico é, no meu entender, preliminar indispensável para adquirir noção exata de tudo o que comporta a construção e a direção de um balão alongado munido de motor e propulsor. Alguns infelizes construtores, que pagaram com a vida sua triste imprudência, jamais haviam efetuado uma subida em balão esférico, como capitão e sob sua própria responsabilidade. Assim se explicam, para mim, os seus insucessos. Estão na mesma situação de quem, sem haver jamais deixado a terra firme ou posto os pés num bote, pretendesse construir e comandar um transatlântico.

Esse raciocínio lógico, sempre presente nas centenas de entrevistas registradas em jornais de muitos países, inclusive no *Jornal do Comércio*, do

Rio de Janeiro, explica, para nós, os seus sucessos. Nada com ele era improvisado. Avaliava cientificamente cada detalhe do projeto em andamento e nunca empregava pilotos de provas. Era ele próprio a cobaia de todas as suas invenções. Prova de que, além da coragem, acreditava fielmente nas soluções novas que propunha.

No que se refere aos balões dirigíveis, é interessante citar Henrique Dumont Villares em seu livro *Quem deu asas ao homem*:

Não resta dúvida que, desde a juventude, Santos Dumont sonhava com o voo pelo homem: mas voo dirigido. Logo que começou a estudar aeronáutica, impressionou-o a circunstância de nenhum progresso prático ter sido realizado depois das experiências de Giffart, em 1852. Mesmo a construção do La France, *de Renard e Krebs, em 1884, não representara grande passo à frente: apenas a máquina a vapor de Giffard fora substituída por um motor elétrico acionado por acumuladores. Assim, o* La France *tinha sido a última tentativa, aliás, sem êxito, para conseguir a dirigibilidade dos aeróstatos.*

Fica, assim, bem claro que, em 1898, tinham-se passado quatorze anos desde a última experiência com balão dirigível, fracassada devido ao peso do motor elétrico. O mesmo que ocorrera, 46 anos antes com a máquina a vapor.

A potência e, consequentemente, o tamanho do motor dependiam do tamanho do balão. O *La France*, por exemplo, pesava duas toneladas. Daí a importância do sucesso do *Brasil*, no qual Santos Dumont provara a excelência da seda japonesa, muito mais leve e resistente do que a chinesa, até ali usada por todos os construtores. Para movimentar um balão pequeno, em forma de charuto para "cortar o vento", bastaria, certamente, um motor muito mais leve. Mas que motor seria esse?

Foi, então, que aquela corrida de motocicletas, a primeira realizada em Paris, somou-se à história da aeronáutica. Adepto do motociclismo desde 1892, Alberto decidiu adaptar o motor de uma motocicleta para fazer voar o seu primeiro balão dirigível, o *Santos Dumont Nº1*. E, desde aí, todos os seus inventos passaram a ser numerados, inclusive o famoso *14-Bis*, ficando a exclusividade de um nome de batismo para o pequenino *Brasil*.

Foi novamente em uma corrida, dessa vez de automóveis, entre Paris e Amsterdã, que Alberto testou o motor a gasolina que pretendia empregar:

Apesar de não inscrito, tive a ideia de ensaiar, nessa prova, o meu motor Dion, de três cavalos e meio, adaptado ao triciclo primitivo. Parti, e tive a satisfação de verificar que ia muito bem. Poderia obter uma honrosa classificação no final, pois o meu veículo era, de todos, o mais potente em relação ao peso, e a velocidade média do vencedor não foi além de quarenta quilômetros por hora. Mas temia que a trepidação do motor, submetido a um esforço tão rude, fosse causa de qualquer desarranjo, e refleti que tarefa mais nobre tinha eu a exigir dele.

Nesse ponto, voltaram, mais uma vez, os contestadores. A primeira dúvida era em relação ao perigo de se colocar um motor a explosão debaixo de um balão inflado com hidrogênio, gás altamente inflamável. Como ainda não existia o aeroclube, os aeronautas costumavam reunir-se no Automóvel Clube da França, do qual eram associados. Surgiu, então, um comentário desanimador: se o brasileiro queria suicidar-se, o melhor era que sentasse sobre um barril de pólvora e acendesse um fósforo.

A segunda objeção era referente à trepidação do motor, que poderia desmantelar a frágil barquinha onde seria fixado.

Para tirar as dúvidas sobre esses dois pontos, Santos Dumont resolveu submeter sua motocicleta a uma "experiência aérea". Com auxílio de Charles, seu valete, do mecânico Albert Chapin e de mais um ajudante, o veículo foi içado com três cordas ao galho horizontal de uma árvore, ficando a um metro e meio do solo. Isso foi feito em um lugar tranquilo do Bois de Boulogne, o grande parque parisiense, ao amanhecer, para não atrair curiosos.

O objetivo era saber como o motor a gasolina funcionaria suspenso no ar. Para tanto, Santos Dumont montou na sela da motocicleta antes que fosse suspensa. O mecânico Chapin acreditava que somente o apoio sobre o solo estabilizaria o veículo e que, no ar, o motor vibraria muito, sacudindo a estrutura toda de maneira incontrolável.

Mas isso não aconteceu, para alegria do nosso inventor. Por mais que acelerasse, a vibração no ar era menor do que no chão. Estava resolvido esse problema que provocara tantas discussões.

E quanto às fagulhas que saíam do cano de descarga? Como evitar que elas subissem e incendiassem o balão? Sabia-se que o conde Von Zeppelin, na Alemanha, também estava empenhado em tornar os balões dirigíveis. Mas não ousara experimentar um motor a gasolina, por saber que, embora de pouco peso, seria o mais perigoso de todos.

Foi então que Santos Dumont conseguiu, outra vez, resolver um grande problema com uma solução simples. Para que as fagulhas do motor descessem, em vez de subir, uma vez a motocicleta suspensa no ar, ele mandou o mecânico virar o cano de descarga para baixo, em posição vertical. Dessa forma, quando elas subissem, o balão já teria passado, não havendo risco de explosão.

No entanto, por outras razões, a primeira experiência de Santos Dumont com seu balão dirigível foi um tremendo fracasso. E isso porque ele queria alçar voo contra o vento, aproveitando a força da propulsão do motor para uma rápida ascensão. Mas, como os balões esféricos sempre subiam a favor do vento, exatamente por não terem propulsão própria, os colegas do aeronauta não o deixaram seguir o seu plano inicial. O balão em forma alongada, unindo a força do vento com a do motor, partiu em demasiada velocidade e não conseguiu erguer-se a tempo de evitar uma barreira de árvores na extremidade do campo. E o brasileiro chocou-se contra elas, sob consternação geral.

Reportagem de capa da revista L´Illustration divulgaria, poucos dias depois, um amplo relato sobre esses acontecimentos. Muitas fotografias foram feitas, antes e depois do desastre. Uma delas, digna de uma coluna social, mostra Alberto, elegantemente vestido, diante do balão dirigível, já pronto para zarpar. Ao lado dele está outra bela mulher, Marcelle Grandcey, prova de que madame H... já não era mais a dona de seu coração. Junto deles, em orgulhosa pose, foram identificados alguns fundadores do futuro Aeroclube da França: o jovem milionário Ernest Archdeacon e os irmãos Jacques e Emmanuel Aimé.

A famosa revista parisiense, que Erico Verissimo destaca tantas vezes em seu livro de memórias *Solo de Clarineta*, prova de que era lida até em cidades do interior do Brasil, revela um detalhe curioso: o inventor brasileiro chegara ao local da prova em seu novo automóvel, um Buggy com motor elétrico importado dos Estados Unidos. Interessante observar que, mais de um século depois, automóveis movidos a eletricidade continuam sendo muito raros. E que Santos Dumont também enxergava longe em relação às fontes esgotáveis de petróleo.

Felizmente, além de pequenas escoriações, Alberto nada sofreu. Sem perda de tempo, apenas 48 horas depois, no dia 20 de setembro de 1898, voltou ao mesmo local do seu fracasso. Os rasgões do balão tinham sido recosturados por Lachambre e Machuron, e o motor revisado por Chapin. Os colegas aeronautas, uma pequena multidão de curiosos e a imprensa também estavam de volta ao Jardim da Aclimação. Mas Santos Dumont tinha pressa e não perdeu tempo. Evitando novas interferências, cumprimentou rapidamente os mais íntimos, entrou na barquinha e mandou acionar o motor.

Avançando lentamente contra o vento, o balão dirigível foi ganhando altura e transpôs com facilidade o cimo das árvores. Sob a ação combinada do propulsor, que lhe dava movimento, e do leme, que lhe dava direção, o balão deslocou-se para a esquerda em uma grande curva. Depois, Santos Dumont inverteu a direção do leme e voou para a direita, sempre deixando no centro dos círculos a multidão que o aplaudia, lá embaixo. Não era para menos. Além da perfeição das manobras, era a primeira vez que as pessoas ouviam um motor roncando nos céus de Paris.

O ENCONTRO COM A
PRINCESA ISABEL

A História, muitas vezes, é mais incrível do que a ficção. O primeiro encontro de Santos Dumont com a princesa Isabel é um exemplo disso. Nenhum ficcionista teria a coragem de inventar que o balão dirigível do "brasileiro voador", como era chamado em Paris, quase caiu em cima da casa da herdeira do trono do Brasil, exilada na França depois da proclamação da República.

Isabel tinha um palacete nos arredores de Paris, uma vez que seu marido, Gastão de Orleans, o conde d'Eu, pertencia à alta nobreza da França. Além dessa casa, a preferida da condessa, o casal possuía um castelo, onde o marido da princesa e seus filhos estavam no momento em que se passaram os fatos a seguir.

Naquele dia 13 de julho de 1901, os três filhos de Gastão e Isabel, Pedro, Luís e Antônio, tinham, respectivamente, 26, 23 e 20 anos. Alberto não era muito mais velho do que eles. Completaria 28 anos dentro de uma semana. Assim, explica-se facilmente que o jovem brasileiro tenha despertado um sentimento maternal na princesa Isabel.

Nos três anos seguintes ao seu primeiro voo em balão dirigível, Santos Dumont tratara de aperfeiçoar o invento, depois de sofrer alguns acidentes. No mais conhecido deles, conseguira apagar um incêndio no motor abafando as chamas com um grande chapéu "panamá" que estava usando. Como era supersticioso, passou a dar preferência a esse tipo de chapéu nas provas de grande risco. Por tal razão, a fotografia mais conhecida do nosso aeronauta é com aquele "monstrengo" na cabeça. E depois que essa foto foi oficializada pela Força Aérea Brasileira, da qual Santos Dumont é patrono, nunca mais o chapéu desabado saiu de sua cabeça.

Nunca mais, não. Recentemente, foi roubado o chapéu da herma em bronze, localizada junto ao monumento do Expedicionário, no Parque Farroupilha, em Porto Alegre (RS). Imediatamente, a Prefeitura Municipal conseguiu um patrocinador e foi colocado de volta, em poucos dias, o horrível chapéu na cabeça de Santos Dumont.

Depois do *Santos Dumont Nº1*, cada novo balão dirigível ganhava um número sequencial. Assim, naquele verão europeu, era no *Nº5* que o aeronauta estava diante de um grande desafio: ganhar o ambicionado Prêmio Deutsch.

Henri Deutsch de la Meurthe, um dos mais destacados membros do Aeroclube de França, ficara milionário com vários negócios no ramo do petróleo. Apaixonado pela aeronáutica, instituíra, em abril de 1900, dentro das comemorações do novo século, um prêmio de cem mil francos, uma verdadeira fortuna, a ser conferido pela comissão científica do aeroclube. Seria vencedor o primeiro aeronauta que, pilotando seu balão dirigível ou qualquer outra aeronave partindo de Saint-Cloud, onde ficava o parque de aerostação, sem tocar em terra, descrevesse uma circunferência tal que nela ficasse inclusa a Torre Eiffel, e conseguisse voltar ao ponto de partida no tempo máximo de meia-hora.

Santos Dumont, ao amanhecer daquele dia 13 de julho de 1901, já estava em Saint-Cloud revisando todos os detalhes do seu dirigível. Exatamente nesse local existe hoje um belíssimo monumento em memória do grande feito que viria a realizar três meses depois. Uma estátua de bronze do lendário Ícaro, o filho de Dédalo, que a mitologia grega conta ter sido o primeiro "homem voador". Na base onde está assentada a estátua, uma efígie de Santos Dumont e uma mensagem sobre sua prioridade em dar ao homem a capacidade de voar em todas as direções, voltando ao ponto de partida. E como sempre a vida do nosso pioneiro está cercada de curiosidades e "acasos", o dia de Saint-Cloud, ou São Clodoaldo, é o mesmo 7 de setembro da Independência do Brasil.

A neta de Dom Pedro I, o príncipe que arrancara da espada, em 1822, para tornar o Brasil independente de Portugal, também levantara cedo naquela manhã. Apaixonada pelo jardim do seu palacete, Isabel costumava aproveitar as horas mais frescas para regar suas roseiras. Corpulenta, mas ainda ágil aos sessenta anos, tinha os cabelos grisalhos presos num coque e vestia roupas simples e folgadas. Desde menina, em Petrópolis, onde seu pai, o imperador Dom Pedro II, e sua mãe, a imperatriz Tereza Cristina de Bourbon, passavam os meses mais quentes do ano, a princesinha aprendera a cultivar as rosas. Costumava ocupar-se com elas na companhia da mãe e da irmã Leopoldina. As lindas rosas brancas de Nápoles, terra de Tereza Cristina, eram o maior orgulho da família real.

Apenas as camélias conseguiram, durante algum tempo, rivalizar com as rosas no coração da princesa Isabel. Herdeira do trono desde os quatro anos de idade, detestava a escravatura que parecia se eternizar no Brasil. E decidira, alguns anos antes de assinar a lei de 13 de maio de 1888, que libertou os escravos, mostrar claramente a abolicionistas e escravagistas a sua posição. Escravos fugidos tinham formado um quilombo na parte alta do Leblon, hoje uma das praias mais famosas do Rio de Janeiro. Ali começaram a cultivar camélias, tendo enviado algumas à princesa, pedindo proteção. Ela usou sua influência para impedir que a polícia invadisse aquele local, o que tornou a camélia um símbolo de luta contra a escravatura.

Santos Dumont estava preocupado com a mudança das condições do tempo e quase desistiu da prova. Segundo suas próprias palavras, os ventos variavam muito na região parisiense:

Apesar de Paris estar situada no fundo de um prato do qual um círculo de colinas faz os bordos, as correntes de ar aí são particularmente variáveis, e bruscas mudanças meteorológicas muito frequentes.

Mas, como relatou ao repórter do jornal *Le Matin* naquele mesmo dia, ficou com vergonha de ter convocado os juízes da largada, todos destacados membros do Aéro-Club de France. Lá estava o presidente do aeroclube, príncipe Bonaparte, filho de Napoleão III, que, mesmo numa república, continuava com enorme prestígio. O jornal também assinala, entre os 25 figurões, o próprio *monsieur* Deutsch de la Meurthe, o financiador do prêmio.

Desistir não seria fácil, mesmo com o motor falhando um pouco e com a mudança do vento. E isso o brasileiro disse em palavras que foram degustadas por muitas mulheres que o admiravam:

— *Não se pode mobilizar os padrinhos para um duelo ao amanhecer e fugir da luta no último momento.*

Finalmente, já dia bem claro, Chapin conseguiu regular o motor, e Alberto partiu exatamente às 6h30 em direção à Torre Eiffel. Devia contorná-la e voltar ao ponto de partida, num total de onze quilômetros, em meia-hora. Partiu com vento favorável, o que significava voltar com vento contrário, situação que, certamente, forçaria muito o motor.

Foi o que aconteceu. Já avistando o ponto de chegada, mas sabendo que não venceria a prova por já ter gasto quarenta minutos, o aeronauta teve que deixar os comandos para ocupar-se do motor que falhava muito e logo apagou. O balão começou a cair e, por pouco, não bateu no telhado do palacete da princesa Isabel.

Ela relatou, mais tarde, o susto que levara, principalmente porque sabia dos feitos do compatriota e temeu por sua vida. O balão acabou batendo contra umas árvores próximas ao castelo do barão Edmond de Rothschild, que era a propriedade vizinha. Alberto saiu incólume do acidente. A barquinha ficou presa no mais alto galho de um *marronier*, um dos famosos castanheiros parisienses, de onde o jovem desceu agilmente, escorregando pelo tronco até o chão.

E logo tratou de usar o telefone do barão para pedir auxílio. Queria recuperar o motor e o máximo possível do balão para uma nova tentativa. Uma hora depois, chegava, no Buggy, o mecânico Chapin, que estava em Saint-Cloud. Em outro automóvel também chegaram alguns amigos mais íntimos do aeronauta, Emmanuel Aimé, Georges Goursat, o conhecido caricaturista, e o brasileiro Pedro Guimarães. Mais tarde, foi a vez de Henri Lachambre, sempre responsável pela fabricação dos balões de Santos Dumont. Seu sobrinho Aléxis Machuron, ainda muito moço, falecera recentemente.

Depois de tomar conhecimento de que o brasileiro estava bem, Isabel resolveu enviar-lhe uma bandeja com o almoço. Mandou-lhe também um bilhete pedindo que viesse visitá-la para narrar-lhe a aventura. Santos Dumont descreve esse primeiro encontro com as seguintes palavras:

Fui, e quando acabei a minha história, a filha de Dom Pedro me disse:

– Suas evoluções aéreas fazem-me recordar o voo dos grandes pássaros do Brasil. Oxalá possa o senhor tirar do seu propulsor o partido que aqueles tiram de suas próprias asas e triunfar, para glória de nossa querida pátria.

Desde esse dia, ficaram grandes amigos. Para tanto, muito contribuiu um aspecto do temperamento de Santos Dumont que evitava, sempre que possível, ferir as pessoas com quem convivia. Por isso, como relatam Miranda Bastos e outros historiadores, antes de se dirigir à casa de Isabel, Alberto trocou a gravata vermelha, símbolo republicano que sempre usava, por um lenço de outra cor, de seu amigo Pedro Guimarães. Não queria que a princesa o visse com um símbolo contrário à monarquia.

Alguns dias depois dessa entrevista, ele recebia da princesa Isabel um pequeno pacote com a seguinte carta:

1º de agosto de 1901.

Senhor Santos Dumont:

Envio-lhe uma medalha de São Benedito, que protege contra acidentes.
Aceite-a e use-a na corrente do seu relógio, na sua carteira ou no seu pescoço.
Ofereço-lha pensando na sua boa mãe e pedindo a Deus que o socorra sempre e o ajude a trabalhar para a glória da nossa pátria.

Isabel, condessa d'Eu

Voando em torno da Torre Eiffel

George Goursat, o caricaturista SEM, era o terror de alguns "monstros sagrados" de Paris. Políticos, milionários, artistas, se não fossem do seu agrado, eram ridicularizados, sem dó nem piedade, em situações que revelavam seus erros ou deslizes. Muita gente, quando o via em uma mesa do Maxim's, ou em qualquer outro restaurante da moda, ou nos teatros de Paris, dava volta da porta para não se encontrar com ele. Outros viajavam, ou ficavam muitos dias escondidos em casa, depois de atingidos pelos desenhos mordazes de Goursat.

Por Santos Dumont ele nutria uma sincera amizade e gostava de assistir seus ensaios aéreos. Por isso, nos deixou na imprensa da *Belle Époque*, como são chamados aqueles anos parisienses do fim do século XIX e início do século XX, caricaturas deliciosas do seu amigo Alberto e de seus aeróstatos. Também narrou alguns fatos pitorescos sobre o prestígio do inventor brasileiro na capital francesa. Um deles aconteceu quando Santos Dumont tentava, novamente, vencer o ambicionado Prêmio Deutsch.

Manhã do dia 19 de outubro de 1901. Outono em Paris. Aproveitando o tempo ensolarado e ameno, muitas pessoas estavam na esplanada do Palácio do Trocadero, de onde os turistas, até hoje, se deixam fotografar. Dali a vista da Torre Eiffel é magnífica, com o Sena correndo junto aos seus quatro imensos pilares. Debaixo deles, homens e mulheres bem vestidos desciam de fiacres puxados pelos mais diferentes tipos de cavalos. Muitos deles estavam bloqueados sobre a Ponte de Iéna, que atravessa o rio diante da torre.

Em um desses coches de aluguel estava George Goursat, ansioso para não perder o momento mais emocionante da prova. Todo aquele povo se reunira ali para ver Santos Dumont tentando contornar a Torre Eiffel com seu balão dirigível *Nº6*. Alguns torciam pelo seu sucesso, outros estavam lá por curiosidade mórbida. Fora perto dali que sucumbira o balão *Nº5* em outra queda, depois daquela próxima à casa da princesa Isabel.

O acidente, chamado de "terrível" por Santos Dumont em suas memórias, acontecera no dia 8 de agosto de 1901. E servira para reforçar o temor supersticioso, algo incrível em um homem de ciência, que Alberto tinha com relação ao número oito.

Tanto assim que, ao numerar seus balões, ele saltou diretamente do sete para o nove, como afirma seu sobrinho Henrique Dumont Villares:

Como muita gente nutre forte preconceito em relação ao número treze, Santos Dumont sentia aversão ao oito. Não fazia ascensão no dia 8 do mês, e evitava este número em quaisquer circunstâncias. Eis o motivo pelo qual não construiu um dirigível Nº8, passando diretamente do Nº7 para o Nº9.

Abstraindo as superstições, dizem alguns historiadores que o brasileiro precipitou-se em tentar a prova, temeroso dos progressos que fazia na Alemanha seu maior concorrente, o conde Von Zeppelin.

Favorecido pelo fato de que Santos Dumont não registrava seus inventos e, ainda, publicava todos os detalhes técnicos em jornais e revistas, o alemão, desde o dia 30 de setembro de 1899, um ano depois do primeiro voo do *SD Nº1*, tinha conseguido fazer ascensões com um enorme balão alongado de onze mil metros cúbicos de gás. Sob ele, dois possantes motores Daimler, a gasolina, de quinze cavalos cada um, garantiam a força propulsora.

Seja como for, Alberto tentara conquistar o Prêmio Deutsch naquele dia 8 de julho e sofrera um terrível acidente, logo após contornar a Torre Eiffel. O balão, devido a uma falha nas válvulas automáticas, começou a perder hidrogênio e a dobrar-se em dois. As cordas que o ligavam à barquinha enrolaram-se na hélice do motor, obrigando o aeronauta a desligá-lo. O vento, que soprava com força, arriscava jogar o balão contra os ferros da torre.

Santos Dumont narrou esses momentos em *Dans l'air* com extrema economia de palavras:

Eu caía. E o vento me levava para a Torre Eiffel. Já me havia jogado tão longe que eu esperava aterrar abaixo do Trocadero, sobre o terrapleno do Sena. Minha barquinha e toda a quilha haviam ultrapassado os edifícios. Mas, nesse momento decisivo, a extremidade do meu balão alongado, que conservava ainda todo seu gás, foi bater contra um telhado, mesmo no momento de franqueá-lo. O balão estourou com um grande barulho, exatamente igual ao de um saco de papel que se enche de ar e que se arrebenta. Foi a "terrível explosão" de que falaram os jornais.

A imprensa também destacou a sorte de Santos Dumont, que se salvara milagrosamente, ficando dependurado por umas cordas até que os bombeiros o viessem resgatar. E, quando isso aconteceu, só aceitou descer depois que o máximo de material do balão, incluindo o motor e seus acessórios, tivesse sido recuperado. O chefe do corpo de bombeiros disse aos jornalistas que nunca vira alguém tão valente, em tais circunstâncias, como o "brasileiro voador":

– *Je n'ai jamais vu de courage pareil.* (Eu nunca vi coragem parecida.)

Agora, três meses depois, lá estava ele, novamente. E Goursat conta que, ao vê-lo contornar a Torre Eiffel, uma minúscula figura humana lá no alto do céu, o velho cocheiro do seu fiacre, a quem nada mais emocionava, ergueu-se e gritou, tirando o chapéu:

– *Vive* Santôs!

E esse "viva" ecoou pelas margens do Sena, repetido por mil vozes emocionadas.

Alberto cumpriu o trajeto de ida e volta em exatamente 29 minutos e trinta segundos, conforme o cronômetro de Henri Deutsch de la Meurthe, o patrocinador do prêmio. Mas não desceu exatamente no local de onde saíra. Passou por ele, em Saint Cloud, "como um jóquei passa com seu cavalo vencedor diante da raia". Depois, como também fazem os jóqueis, retornou ao ponto onde estava a comissão julgadora.

E os juízes se dividiram sobre a cronometragem mais adequada. Alguns queriam declarar Santos Dumont, imediatamente, vencedor. Outros acreditavam que ele não podia ganhar o prêmio porque, ao aterrar, já haviam se passado mais de trinta minutos.

Os jornais relataram que o povo, aglomerado no local, revoltou-se contra os juízes contrários à outorga do prêmio, chamando-os de xenófobos, porque o vencedor era um brasileiro. A decisão foi postergada e a polêmica tomou os jornais de Paris e de toda a Europa. Um dos mais acirrados defensores de Alberto foi o famoso político socialista Jean Jaurès, através do jornal *l'Humanité*, que até hoje existe. O homem que tivera a coragem de defender o capitão Dreyfus, acusado de espionagem apenas por ser judeu, usou da mesma veemência na exposição de seus argumentos:

Finalmente, a navegação aérea encontrou um homem de verdade, embora algumas sombras de homens queiram negar seu feito. Enquanto o governo gasta o dinheiro dos impostos escorchantes com projetos fracassados, como o Avion, *de Ader, que nunca voou, Santos Dumont, sem custar um centavo para a França, acaba de resolver em definitivo o secular problema da dirigibilidade dos balões. Negar-lhe o prêmio tem o mau cheiro da xenofobia, por ser ele um valente brasileiro, por não ter nascido em nosso país.*

Nos dias seguintes, Alberto refugiou-se na convivência de seus melhores amigos e da mulher que mais lhe tocava o coração, *mademoiselle* Cecille Sorel, uma talentosa atriz de teatro. Em seu apartamento da Rua Washington, nos Champs-Elysées, empilharam-se cartas e telegramas dos mais diferentes lugares do mundo, muitos deles do Brasil. Foi quando chegou a carta do seu amigo de infância, lembrando o brinquedo de "Passarinho voa?". E foi também a ocasião em que Santos Dumont inventou um dos utensílios até hoje mais usados no mundo: o relógio de pulso.

Desde que recebera da princesa Isabel a medalha de São Benedito, Alberto passara a usá-la como uma pulseira e nunca mais voara sem ela. Acontece que, durante seus voos cronometrados para conquistar o Prêmio Deutsch, quando queria saber quantos minutos tinham decorrido, era obrigado a liberar uma das mãos, sempre ocupadas nos comandos. Retirava o relógio do bolso do colete e praguejava contra os segundos que perdia e o risco em desviar-se o leme.

Uma noite, antes da decisão final da comissão julgadora, Santos Dumont jantava no Maxim's com seus amigos quando foi abordado pelo joalheiro Cartier, o mesmo a quem Isabel encomendara a medalha. Recebeu os cumprimentos sobre seu feito e relatou-lhe as dificuldades que tinha com o relógio de bolso, pedindo-lhe que lhe montasse um, mais prático, quadrado, para ser usado no pulso. Foi assim que nasceu o relógio Santôs, até hoje fabricado pelos herdeiros de Cartier. Mais uma façanha criativa do nosso pioneiro.

Passados alguns dias, a comissão julgadora fez a votação final e Santos Dumont venceu por dezesseis votos contra nove. Foi um dos momentos mais importantes de sua carreira, e ele soube vivenciá-lo de uma maneira extraordinária.

Dos 129 mil francos que recebeu, com o acréscimo dos juros, destinou cinquenta mil a todos seus colaboradores, inclusive à viúva de Aléxis Machuron, aquele jovem que o levara, pela primeira vez, a voar em um balão. Os demais 79 mil entregou a *monsieur* Lépine, o chefe de polícia, para que os distribuísse entre os pobres de Paris. E determinou que, primeiro, fosse transferida ao Mont-de-Piété, central parisiense das penhoras, a quantia necessária para liberar aos seus donos todas as ferramentas ali empenhadas. Centenas de operários e artesãos foram beneficiados com esse gesto. O dinheiro que ainda sobrou foi dividido pelas autoridades sociais entre quatro mil pobres de Paris.

Ainda hoje existe no vetusto prédio do Mont-de-Piété, em Paris, uma placa de bronze com a efígie de Santos Dumont e o relato dessa doação extraordinária. É preciso salientar isso porque pessoas desinformadas ainda afirmam que tal fato é pura ficção.

A PRIMEIRA MULHER A VOAR EM BALÃO DIRIGÍVEL

Os amores de Santos Dumont foram muitos, mas sempre discretos. Aída de Acosta foi a única mulher pela qual, verdadeiramente, ele parece ter se apaixonado. Foi tanta a paixão, que Alberto a ensinou a voar em balão dirigível, o que nunca fizera com ninguém. E a linda cubana entrou para a história como a primeira mulher a realizar esse feito.

O voo de Aída reveste-se de maior importância quando se sabe que, um ano antes, ocorrera um acidente horrível com Augusto Severo, outro aeronauta brasileiro. Em poucas palavras, Miranda Bastos nos resume esse infeliz acontecimento:

A 12 de maio de 1902, muito cedo, Augusto Severo, acompanhado de seu mecânico, o sr. Sachet, partia de Paris para o primeiro ensaio do Pax, do qual era o inventor e construtor. O balão dirigível elevou-se rapidamente a uma altura quase dupla da Torre Eiffel. Súbito, explodiu e veio a espatifar-se no solo com seus tripulantes. Quando recolheram os corpos dos dois infelizes, estes eram apenas massas informes. Presume-se que o piloto se desnorteou com a rapidez da ascensão ao ver sua máquina dirigir-se para o centro de Paris, ou seja, no sentido inverso do que pretendia, caso o seu motor produzisse o efeito desejado. Devido à sua falta de experiência, não soube controlar a subida e a direção horizontal. Provocado ou acidental, houve um escape violento de hidrogênio, que alguma faísca desprendida do motor inflamou.

Quem era Aída de Acosta, e como Santos Dumont a conheceu? Aída era filha de um milionário cubano, grande plantador de cana-de-açúcar. Como era comum, pela proximidade, educou-se nos Estados Unidos e passou a frequentar a sociedade rica de Nova York. Em suas memórias, o brasileiro diz que ela era "lindíssima" – termo que só reserva para ela, em todo o livro – e que a conheceu durante sua primeira visita àquela cidade.

A imprensa dos Estados Unidos, que dera destaque à conquista do Prêmio Deutsch por Santos Dumont, abriu-lhe grandes espaços durante toda sua permanência. O *The New York Times*, por exemplo, em sua edição de 12 de abril de 1902, relata a visita que o aeronauta brasileiro fez a Thomas Edison, em West Orange, por desejo recíproco.

O inventor da lâmpada elétrica, depois de mostrar seus laboratórios e manter uma conversa reservada de mais de uma hora com o visitante, declarou à imprensa que eles discutiram a possibilidade do uso de baterias elétricas, que ele tentaria tornar bem mais leves, como futura fonte de energia dos dirigíveis. Foi também nessa ocasião que Santos Dumont criou a palavra "aeroporto", declarando que, um dia, esses locais de pouso de aeronaves iriam ser construídos em todo o mundo. E que, sem dúvida, o maior deles seria o de Nova York.

Durante essa viagem, aconteceu um fato extraordinário com Santos Dumont e o gaúcho Joaquim Francisco de Assis Brasil, que era nosso embaixador nos Estados Unidos. Em uma recepção oferecida pelo presidente Theodore Roosevelt em um clube de campo, o Camp David da época, Assis Brasil, que era famoso por sua pontaria com armas de fogo, fez um desafio insólito a seu conterrâneo. Perguntou se ele teria a coragem de colocar uma maçã sobre a cabeça e deixar que ele, Assis Brasil, a rebentasse com um tiro.

Mais uma vez a realidade superou a ficção. E uma fotografia na parede da sala de entrada do castelo de Assis Brasil, em Pedras Altas, Rio Grande do Sul, recorda o momento em que Santos

Dumont, com a maçã na cabeça, espera serenamente pelo tiro que a estraçalharia. O embaixador empunha a espingarda com firmeza, inconsciente da barbaridade que estava fazendo. Temeridade ainda maior, sabendo-se que era um homem de grande inteligência e cultura, sendo superado nesses atributos apenas por Ruy Barbosa, segundo os cronistas da época.

Pois bem: Aída assistiu a esse feito e, embora noiva de um norte-americano, o advogado Henri Breckinridge, passou a acompanhar Alberto em todas as recepções. A imprensa de Nova York destacou esse fato, embora os jornalistas mais ousados, principalmente do *New York Herald*, adiantassem que Santos Dumont tinha noivado secretamente com a louríssima Lurline Sprekels, filha de outro milionário, este da Califórnia.

Aída era morena e tinha lindos cabelos negros. Mas o que mais encantou Alberto foi seu temperamento arrebatado, que tanto contrastava com o dele. Era até geniosa, quando contrariada, e nunca desistia de um projeto quando o colocava na cabeça.

Foi assim que, deixando o noivo no meio de pilhas de processos em seu escritório de Nova York, partiu para Paris, na primavera de 1903, com a desculpa de adquirir seu enxoval de casamento na capital francesa. Levou apenas como acompanhante uma solteirona inglesa, *miss* Campbell, que fora amiga de sua falecida mãe.

No início daquele ano, cansado de depender de hangares alheios para abrigar seus balões, Santos Dumont tinha comprado um terreno na Rua de Longchamps, em Neuilly, junto ao Bois de Boulogne. Ali mandou construir um hangar com dimensões suficientes para manter seus balões sempre cheios de hidrogênio e prontos para decolar, em qualquer momento que desejasse. Protegido por um alto muro, o local era discreto. Mas logo se tornou o ponto de encontro dos amigos de Alberto e de seus admiradores, inclusive a ex-imperatriz Eugênia, viúva de Napoleão III.

Foi ali que Aída, no dia seguinte à sua chegada a Paris, veio encontrar Santos Dumont e conhecer seus balões dirigíveis, que lhe despertavam tanta curiosidade. E encantou-se com o pequeno *Nº9*, apelidado de *Balladeuse*, ou *Passeadora*, pelo inventor. A exemplo do *Brasil* e do *SD Nº1*, esse dirigível era muito pequeno, podendo levar, no máximo, dois passageiros. Dentro do hangar, parecia minúsculo ao lado do *Nº10*, apelidado de *Ônibus*, por ser capaz de transportar até vinte passageiros.

Extasiado com a cubana, Alberto ofereceu-se para levá-la a passear pelos céus de Paris. E, conforme ele mesmo conta, surpreendeu-se com a resposta de Aída:

— *Não, não quero ser conduzida! Desejo voar só, dirigir livremente, como o senhor.*

Extasiado com a resposta, Alberto concordou, deixando todos seus amigos estupefatos. E resolveu transferir essa atitude inédita à facilidade de manobras e segurança da *Balladeuse*, construída, exatamente, para fazer pequenos passeios:

O simples fato de haver consentido, com a condição de que a pretendente recebesse primeiro algumas lições para manobra do motor e dos maquinismos, diz eloquentemente, suponho, da minha confiança no Nº9. Essas lições foram em número de três, após o que, quando chegou a data de 29 de junho de 1903, que ficará memorável na história da aerostação navegável, minha jovem discípula, elevando-se ao alto no menor dos dirigíveis, gritou:
— *Lachez tout!* (Larguem tudo!)

A palavra de ordem dos aeronautas significava a liberação do balão de suas amarras. Dali em diante, tudo estava por conta da navegadora.

A melhor narrativa desse fato memorável está

no jornal *Le Matin*, que acompanhava todos os passos de Santos Dumont, aqui resumida a partir de uma ampla reportagem.

Liberado das amarras, o *Nº9* subiu rapidamente para uns trinta metros de altura e ultrapassou o muro fronteiro ao Bois de Boulogne. O "professor" Dumont montou em uma bicicleta e saiu pedalando em direção ao ponto acordado com Aída para a descida do balão – um retângulo verde, no meio do bosque, onde seria realizada, naquele domingo, às dez horas da manhã, uma partida de polo entre cavaleiros dos Estados Unidos e da Inglaterra.

Os jogadores, vestidos de azul e de vermelho, preparavam-se para montar. Em torno do amplo gramado, os assistentes, todos elegantemente vestidos, acomodavam-se nas arquibancadas. Carruagens puxadas por lindas parelhas de cavalos despejavam algumas dezenas de retardatários. Bandeiras francesas, americanas e inglesas ondulavam contra a brisa da manhã.

Ouvindo o ruído do motor, várias pessoas apontaram para o balão alongado que se aproximava rapidamente. E o repórter destaca que um dos jogadores de camiseta azul, com o taco apoiado sobre o ombro, ergueu a cabeça e disse para o cavalariço:

— *Firme bem o cavalo pela brida. É Santos Dumont que está chegando.*

Ao que o próprio jornalista retrucou:

— *Preste bem atenção e verá que o piloto é uma mulher.*

— *Uma mulher?! Impossível! Só falta agora elas montarem a cavalo para um jogo de polo.*

Com o dirigível já sobrevoando as arquibancadas, o povo começou a agitar-se e alguns cavalos relincharam, assustados. Alberto entrou pedalando sem cerimônia pelo gramado e colocou-se em posição para orientar a descida.

Em uma manobra perfeita, o dirigível foi baixando até pousar suavemente bem no centro do gramado. E o povo explodiu em aplausos quando viu descer da barquinha uma linda mulher vestida de branco.

O *14-Bis* decola em Bagatelle

Os feitos de Santos Dumont em balões dirigíveis o tinham preparado para um novo desafio: voar com um aparelho mais pesado do que o ar. Mas nem ele acreditava nisso, em 1904, como demonstram suas palavras no capítulo de abertura de *Dans l'Air* :

Acredito que, dentro de meio século, o homem conquistará o ar com o emprego de máquinas voadoras mais pesadas do que o meio onde se movem. Olho para o futuro com esperança. No momento, fui a seu encontro mais longe que qualquer outro. Minhas aeronaves, que receberam a esse propósito tantas críticas, são um tanto ou um pouco mais leves do que o ar. Mas há um ponto a respeito do qual a minha convicção está perfeitamente definida: é saber que no dia em que surgir a invenção vitoriosa, ela não será constituída nem por asas que batam, nem por algo análogo que se agite.

Esse meio século transformou-se em apenas dois anos, uma vez que o primeiro voo do *14-Bis* foi realizado em 1906. Santos Dumont explica esse fato em seu segundo livro de memórias, *O que eu vi, o que nós veremos*:

Perguntar-me-á o leitor porque não construí mais cedo o aeroplano, ao mesmo tempo que os meus dirigíveis. É que o inventor, como a natureza de Linneu, non facit saltus: *progride de manso, evolui. Comecei por fazer-me bom piloto de balão livre, e só depois ataquei o problema de sua dirigibilidade. Fiz-me bom aeronauta no manejo dos meus dirigíveis durante muitos anos, estudei a fundo o motor a petróleo, e só quando verifiquei que seu estado de perfeição era bastante para fazer voar, ataquei o problema do mais pesado que o ar.*

Mais uma vez se revela a clarividência de Henrique Dumont quando deu a herança e a maioridade ao filho, com apenas dezoito anos de idade, e o incitou a ir para Paris, "a cidade mais perigosa para um jovem". Não para estudar engenharia em um curso formal, como ele mesmo fizera, e sim para queimar etapas, estudando com professores particulares e conhecendo, na prática, o funcionamento dos motores. E foi nesse conhecimento, além de em uma aptidão inata, uma espécie de genialidade científica, que ele baseou todos os seus sucessos.

Primeiro, é interessante saber a origem do nome "*14-Bis*" que Santos Dumont deu a seu mais famoso invento.

Prosseguindo na numeração sequencial de seus balões dirigíveis, o último a ser construído, antes do primeiro aeroplano, foi o *Nº14*. Como Santos Dumont desejava testar o motor do seu primeiro "avião" em pleno voo, amarrou-o debaixo do dirigível e saiu voando com os dois juntos. Essa prova temerária serviu não só para batizar o *14-Bis*, em homenagem ao balão *Nº14* que o erguera no ar, como, principalmente, para testar-lhe o funcionamento do leme e do motor a muitos metros acima do solo.

Fotografias originalmente publicadas em *L'Illustration* mostram essa incrível imagem do voo de um híbrido de balão com aeroplano, mais uma "ideia maluca do brasileiro voador" destinada a dar certo. Como também são famosas as fotografias do burro Kuigno puxando o protótipo do *14-Bis* preso por uma roldana a um cabo de aço.

O velho jornalista Henri Rochefort, fundador do jornal *L'Intransigeant*, um dos primeiros a ver o *14-Bis* sair do hangar da Rua Longchamps, em Neuilly, classificou-o como "um verdadeiro monstrengo, um bicho que pretende voar com o rabo para a frente e a cabeça para trás". À primeira vista, não passava de uma "caranguejola", uma armação em forma de cruz, feita com caixas cobertas de seda branca, colocadas sobre duas rodas de bicicleta.

Com muita paciência, Santos Dumont explicou-lhe que concebera o *14-Bis* como um biplano, com seis divisões dentro das asas, no modelo das células do planador desenvolvido por Hargraves e utilizado por Lilienthal. Se essas asas divididas em compartimentos tinham funcionado no planador lançado ao vento, poderiam também ajudar um "planador com motor" a levantar voo.

Quanto à razão de colocar as asas para trás e o leme para a frente, a explicação era óbvia para um piloto experimentado em muitos anos. E ele mesmo explica isso em suas memórias:

O maior problema que eu deveria ter seria fazer o 14-Bis *obedecer, na hora, a todas as manobras do leme. Se eu colocasse o leme atrás, como nos meus dirigíveis, teria que forçar demais para baixo a popa do aparelho, a fim de que ele pudesse subir.*

A experiência de Alberto em testar materiais bem leves para seus balões também foi importantíssima. Seu primeiro aeroplano, com dez metros de comprimento e doze de envergadura, com uma superfície total de oitenta metros quadrados, era feito de bambu e vime revestidos de seda, pesando apenas 160 quilos. Peso que poderia ser erguido no ar, se tudo funcionasse como planejado, pelo motor Antoinette, de 14 HP, colocado bem no centro de suas asas, um pouco atrás da barquinha.

Sete horas da manhã do dia 13 de setembro de 1906. Dividido em duas partes, o *14-Bis* é levado pelas ruas até o campo de Bagatelle. Mais uma vez, a imprensa encarregou-se de tomar "instantâneos fotográficos" de cada detalhe da operação. Uma das partes, composta pelas asas, o motor e a barquinha, desliza sobre rodas de bicicleta. A fuselagem, com sua extremidade em forma de uma grande caixa oca, segue carregada por operários. Alguns curiosos acompanham o estranho cortejo. No meio deles, vestindo um terno escuro impecável, com o grande chapéu branco puxado sobre as sobrancelhas, caminha Alberto Santos Dumont. Poderia ter ido de automóvel, mas preferira, como era do seu feitio, participar de todos os momentos da grande prova.

Chegando ao campo de Bagatelle, vem a seu encontro um grande automóvel fumacento, o Mors de Ernest Archdeacon. O aeronauta milionário, agora Presidente do Aeroclube da França, fizera seu *chauffeur* vestir-se todo de branco, das botinas ao quepe, enquanto ele trajava-se completamente de preto. A seu lado, no banco traseiro, acomodava-se um importante personagem, *monsieur* Surcouf, o secretário encarregado de cronometrar a prova.

Archdeacon, embora tivesse oferecido três mil francos do seu bolso para o vencedor daquela façanha, não acreditava, como depois confessou à imprensa, que um aparelho pesado se erguesse no ar. E essa era a opinião da maioria das pessoas que olhavam para o estranho "bicho" já reunido em um único corpo.

No outro extremo do campo, Santos Dumont subiu na barquinha, ligou o motor e consultou seu relógio de pulso: 7h50. Com um gesto imperativo, fez com que todos se afastassem. O *14-Bis* começou a rodar, daquela maneira estranha, com a fuselagem voltada para a frente, e ganhou velocidade. Mas não ergueu voo. Sentindo que o motor falhava, Alberto teve que parar no extremo sul da clareira, limitada por algumas árvores. Chapin veio correndo com suas ferramentas e, sob o olhar descrente dos espectadores, trocou as velas e fez uma rápida limpeza no carburador.

Às 8h40, a estranha aeronave corre novamente pelo gramado a uns trinta quilômetros por hora. Todos os olhos, principalmente os dos jurados, estão fixos nas rodas, para ver se conseguem erguer-se e girar no vazio. E isso acontece, por alguns segundos, antes que o *14-Bis* perca as forças e caia pesadamente no chão. O chassi afunda e a hélice rompe-se em pedaços, sem parar de girar.

Os jurados cercam Santos Dumont e o felicitam. E Archdeacon pronuncia uma frase de efeito, que seria transcrita pelos jornais:

— Você voou! Uns poucos centímetros acima do solo, mas voou!

Mas Alberto não se convenceu do bom resultado da prova e solicitou mais um mês, no mínimo, para repeti-la. Ele sabia que o motor de 14 HP tinha que ser trocado por outro, muito mais potente, e dedicou os próximos quarenta dias a determinar qual a potência que ele deveria ter. Finalmente, foi com um motor Levavasseur de cinquenta cavalos de força que o *14-Bis* ressurgiu em Bagatelle, na manhã do dia 23 de outubro de 1906. A data mais ilustre da aviação universal.

Desta vez, informadas por grandes reportagens nos jornais, mais de mil pessoas tinham vindo assistir à prova. Embora fosse cedo, para os hábitos da elite parisiense, muitas mulheres elegantemente vestidas estavam presentes. Fotógrafos colocavam seus pesados equipamentos, apoiados em tripés, calculando os melhores ângulos para as fotografias. Até uma câmera cinematográfica, a maior novidade do momento, fora instalada para filmar a façanha de Santos Dumont.

Colocado no extremo norte do campo, o *14-Bis*, agora visto com mais respeito por todo aquele povo, começou a movimentar-se às 8h45. Dessa vez, convicto de seu sucesso, Alberto tomou uma atitude que hoje chamaríamos de "marqueteira". Antes de partir na velocidade máxima, dando oportunidade aos instantâneos dos fotógrafos, percorreu lentamente a pista como fazem os jóqueis com os cavalos de corrida. O povo entendeu a homenagem e o aplaudiu com entusiasmo.

No entanto, quando voltava ao ponto de partida, uma das rodas de bicicleta escapou do eixo e saiu rolando pela pista. O *14-Bis* adernou para a esquerda, como uma ave ferida, e uma das pás da hélice espatifou-se contra o chão.

No meio da consternação geral, Archdeacon voltou a perder confiança no sucesso daquele voo. Tirando a cartola da cabeça, enxugou a testa, e disse ao repórter do *Le Matin*, um jovem que, três anos mais tarde, ficaria famoso ao localizar Santos Dumont, que se perdera voando durante a noite:

— *Assim não vai dar. Este aparelho é frágil demais para um voo verdadeiro.*

Mas Alberto convenceu os diretores do aeroclube a darem-lhe uma nova chance, e a prova foi transferida para depois do almoço.

Exatamente às quatro horas da tarde do dia 23 de outubro de 1906, o motor do *14-Bis* roncou com sua potência máxima. Depois de verificar que ninguém estava mais na pista, Santos Dumont tocou rapidamente na medalha de São Benedito, que nunca tirava do pulso esquerdo, e iniciou a corrida. Milhares de olhos, objetivas fotográficas e a câmera de cinema fixavam-se no aeroplano que avançava rapidamente pelo gramado. Pouco a pouco, as rodas foram-se desprendendo do chão e o *14-Bis* ergueu-se a dois metros de altura.

Depois de voar por, mais ou menos, cinquenta metros, o aeroplano fez uma graciosa curva para a esquerda, sob o olhar incrédulo da multidão. Ciente, agora, de que ninguém mais duvidaria da sua façanha, Santos Dumont cortou o contato do motor e aterrissou, sem avarias, no campo de Bagatelle.

O milagre do primeiro voo de um aparelho mais pesado que o ar acontecera com o testemunho de, no mínimo, três mil pessoas. Muitas delas correram para junto de Alberto Santos Dumont, o arrancaram do seu posto de comando e o carregaram em triunfo. Nos próximos anos, graças ao trabalho e à coragem daquele homem, os aviões começariam a aproximar os continentes, tornando bem mais próximos todos os recantos da Terra.

A *Demoiselle*,
UM AVIÃO VERDADEIRO

Antes de aposentar o *14-Bis* e partir para novas conquistas, Alberto ainda realizou mais um voo em Bagatelle. Isso aconteceu no dia 12 de novembro de 1906, ou seja, vinte dias depois do seu primeiro sucesso.

Naquela manhã, com o povo espremido e até em cima das árvores em torno da clareira, o "brasileiro voador" conseguiu erguer o *14-Bis* a cinco metros de altura, durante um trajeto de 220 metros. Em uma das fotos que documentam esse feito, o aeroplano está passando por cima das cabeças de algumas mulheres vestidas de branco, que parecem passear pelo gramado.

O caricaturista Georges Goursat, antes dessa prova, teria afirmado aos colegas da imprensa que Alberto decidira repetir a façanha porque o seu velho cocheiro, o mesmo que gritara "*Vive* Santôs" na prova da Torre Eiffel, considerara aquele voo uma ninharia. Que "até um piano de cauda saltaria cinquenta metros empurrado por um motor de cinquenta cavalos".

Seja como for, Santos Dumont conseguira provar, em três voos seguidos, que a gravidade terrestre podia ser vencida por um aeroplano. Mas sabia muito bem das limitações do *14-Bis* e tratou de trabalhar em um projeto muito mais ousado: a construção de um aeroplano capaz de erguer-se do solo com grande facilidade e voar alto, como os balões.

Foi assim que nasceu a *Demoiselle*, uma aeronave muito parecida com os atuais ultraleves, oito vezes menor do que o *14-Bis*. Suas asas transparentes, atravessadas pelos raios do sol, justificavam essa denominação dada pelos primeiros espectadores que assistiram seus voos. *Demoiselle*, além de "senhorita", significa "libélula" em francês.

A *Demoiselle* era tão pequena que Santos Dumont a levava na carroceria do seu carro até Saint-Cyr, nos arredores de Paris, onde fora construída uma pista para os aeroplanos. E foi ali que, em setembro de 1909, a linda nave conseguiu bater o recorde mundial de decolagem em espaços curtos, erguendo-se no ar após setenta metros de corrida. Até então, a mais rápida decolagem fora feita pelo americano Curtiss, cujo engenho conseguira erguer-se na marca de oitenta metros.

A *Demoiselle* foi o primeiro avião que conseguiu voar com segurança a mil metros de altura e a cem quilômetros por hora. Também teve a primazia de ser fabricado em série por uma indústria francesa para venda aos aficionados do novo "esporte". Como Santos Dumont não registrava seus inventos, seu ultraleve também serviu de modelo para a nascente indústria aeronáutica dos Estados Unidos, da Alemanha, da Itália e de outros países. Não é estranho, portanto, que a linda nave seja hoje considerada como o primeiro avião "de verdade".

Ainda naquele mês de setembro de 1909, aconteceu um fato que seria amplamente divulgado pelo jornal *Le Matin*, uma das melhores fontes de consulta sobre as façanhas de Santos Dumont.

Tudo começou sem nenhuma novidade, com Alberto explicando ao repórter, antes de iniciar um voo, que a *Demoiselle* pesava apenas cem quilos. Isso porque sua estrutura era de bambu da China, o mais leve do mundo, com emendas de metal e cobertura de seda. A hélice de madeira envernizada, em posição horizontal, mal chegava ao peito do mecânico Chapin, encarregado de girá-la. O piloto acomodou-se no pequeno espaço sob as asas e logo fez roncar o pequeno motor de dois cilindros. O jornal não deixou de salientar que Santos Dumont vestia um terno escuro, camisa branca de punhos engomados, colarinho alto e gravata vermelha e branca. E, é claro, tinha na cabeça o habitual chapéu panamá de abas caídas.

O aviãozinho ergueu-se do solo com tanta facilidade e elegância que arrancou aplausos dos espectadores – muito poucos, porque o tempo estava ameaçando chuva. No ar, além da docilidade do leme, Alberto explicara ao jornalista que a simples inclinação do corpo era capaz de auxiliar nas manobras. Com nuvens escuras cobrindo o céu, o sensato seria que, após algumas voltas para demonstração, o piloto tratasse logo de aterrissar. Mas não foi o que aconteceu. Ganhando altura, a *Demoiselle* rompeu a camada de nuvens e seu ruído foi sumindo aos poucos, até não ser mais percebido.

Duas horas se passaram, a noite chegou, começou a chover forte, e as poucas pessoas que ainda esperavam em Saint-Cyr ficaram muito preocupadas. Os mecânicos tinham dito ao jornalista do *Le Matin* que a aeronave decolara com treze litros de gasolina no tanque, combustível suficiente para apenas uma hora e meia de voo. Ou o aviãozinho caíra, ou Santos Dumont tivera que fazer um pouso de emergência. Cansados de esperar, Chapin e Gasteau, os dois mecânicos, resolveram seguir de automóvel pela estrada que levava ao Castelo de

Rambouillet, a única na direção para onde seguira Alberto. Com eles foi também o jornalista, depois de telefonar do hangar à sua redação e pedir que não imprimissem a primeira página.

O que acontecera? Durante as horas seguintes, toda a região nos arredores de Paris fora percorrida, num raio de cem quilômetros, por policiais, bombeiros, jornalistas e amigos de Santos Dumont. Mas as estradas enlameadas dificultavam a busca, e os boatos desviavam os automóveis para lugares onde a *Demoiselle* não havia passado. Um carroceiro jurou que vira o aeroplano cair perto de Rambouillet. Um jornal apressado publicou, no outro dia, que o brasileiro aterrissara secretamente em Saint-Cyr, durante a noite. E que aquilo tudo era apenas um blefe publicitário.

A verdade só foi conhecida à 1h30 da manhã, quando o automóvel dirigido por Chapin chegou ao Castelo de Wideville, depois de uma informação correta. Santos Dumont tinha conseguido aterrissar no gramado fronteiro ao enorme prédio, de noite e com chuva, em um espaço de apenas cinquenta metros. Depois de ser muito bem recebido, jantara com o conde e a condessa de Galart e estava dormindo em um quarto da ala sul.

A fotografia feita na manhã seguinte é uma das mais lindas de toda a vida do nosso aviador.

Como pano de fundo está a fachada do Castelo de Wideville, uma estrutura compacta, com apenas uma porta de entrada e 28 janelas. No alto da torre central, incrustado no teto de ardósia, um relógio redondo marca exatamente a hora em que o "instantâneo" foi feito: 9h13. Em primeiro plano, estacionada sobre o gramado, está a *Demoiselle*, com suas duas asas retangulares, muito brancas, a delicada estrutura de sua fuselagem, cuja extremidade, o leme, também coberto de seda, tem a forma de uma pandorga. De pé, ao lado de seu pequeno avião, apoiando sobre ele a mão esquerda, Santos Dumont é o retrato do orgulho profissional pela qualidade da obra.

Mas, depois dessa façanha, divulgada por toda a imprensa mundial, Santos Dumont revelou a alguns amigos íntimos que sentira tonturas e quase desmaiara durante aquele voo. Depois de examinado pelos médicos do hospital Salpêtrière, escondeu de todos o terrível diagnóstico. Contraíra uma doença degenerativa neuronal, chamada esclerose múltipla, a mesma que levara sua mãe ao suicídio, havia sete anos.

Essa constatação, além da vida estressante que levava, depois de doze anos de experiências aeronáuticas, arriscando-se constantemente a uma queda mortal, confirmou o diagnóstico. Charcot, o grande neurologista, já falecido, levantara a hipótese de que a esclerose múltipla tivesse componentes hereditários. E raramente falhara em suas conclusões.

Alberto Santos Dumont tinha apenas 36 anos de idade e fora proibido de voar. Nada o impedia de continuar sua carreira de inventor, colocando um piloto de provas a testar seus novos aparelhos, como o helicóptero, do qual já estava desenhando um modelo. Mas isso era fácil para um médico recomendar e muito difícil de ser executado por um paciente que, além de inventor, era um apaixonado pela arte de voar. Um homem que só se realizava por inteiro quando manobrava suas aeronaves no alto do céu.

Foi, assim, que Santos Dumont resolveu fazer sua despedida como aviador. E a fez no seu estilo, convidando amigos, colegas do Aeroclube da França e a imprensa. A razão do voo seria demonstrar mais uma vez as qualidades aeronáuticas da *Demoiselle* e liberar sua fabricação, sem exigir direitos de patente, para todos os países do mundo.

Quatro horas da tarde do dia 18 de setembro de 1909. A *Demoiselle* encontra-se novamente no campo de aviação de Saint-Cyr. O mecânico Chapin, facilmente reconhecível por seu rosto redondo e grandes bigodes, coloca gasolina no tanque da aeronave. O céu está carregado de nuvens. Todos vestem impermeáveis ou capas de chuva. Fotógrafos, com seus caixotes armados sobre tripés, focam as lentes em grupos de pessoas do *grand monde* parisiense.

Em um desses grupos, junto com Santos Dumont, pode-se identificar Georges Goursat, a linda Cecille Sorel, Ernest Archdeacon e Emmanuel Aimé. Em outro, conversando com o brasileiro já no comando da aeronave, está o jovem Roland Garros, hoje mais conhecido como nome de um dos prêmios do circuito internacional de tênis. Na realidade, Garros entrou para história não como tenista e sim como aviador. Foi ele o primeiro a atravessar o mar Mediterrâneo com um biplano. A seu lado está outro pioneiro, Louis Blériot, que conseguiu sobrevoar, pela primeira vez, o Canal da Mancha.

A foto mais importante para nós, brasileiros, é a que mostra Santos Dumont com a princesa Isabel e seu marido Gaston, o conde d'Eu, junto da carruagem que os trouxe a Saint-Cyr, local mais conhecido como sede da Academia Militar da França. Foi a Isabel que Alberto dedicou esse voo de despedida. Foi o seu lenço rendado que ele pediu, antes de decolar, como também o do jornalista do *Le Matin*, para mostrar o quanto a sua aeronave era dócil em todas as manobras.

Antes disso, porém, reuniu todos os convidados para comunicar que entregara os desenhos e detalhes técnicos da *Demoiselle* aos editores da revista *L'Illustration*. E que os encarregara de copiá-los e remetê-los para publicação no *Jornal do Comércio*, do Rio de Janeiro, no *Illustrierte Zeitung*, de Berlim, no *La Prensa*, de Buenos Aires, na *Illustrazione Italiana*, no *New York Herald* e em outras revistas e jornais de muitos países.

A seguir, depois dos aplausos, explicou como seria sua demonstração. Sobrevoaria o local e largaria as alavancas de comando, afastando os braços das hastes de sustentação. Com isso pretendia provar que a *Demoiselle* era extremamente segura, podendo ter milhares de irmãs pelo mundo, com riscos mínimos para quem quisesse voar.

Exatamente às cinco horas da tarde, com tempo fechado e sem nenhum vento, a *Demoiselle* decolou com sua graça costumeira, fez uma grande curva e voltou para o ponto, junto ao hangar, onde as pessoas se aglomeravam. Todos viram, fascinados, Santos Dumont acenando com os dois lenços brancos, um em cada mão afastada dos comandos.

Dando um rasante sobre o hangar, o brasileiro-voador soltou os dois lenços que bailaram no ar até caírem ao solo. Com seu instinto materno, Isabel desconfiou que algo mais estava se passando e cortou os dois lenços em minúsculos pedaços, reservando um para si, outro para Alberto, e distribuindo os demais entre os espectadores.

E ela tinha razão. Depois daquele dia, nunca mais Santos Dumont viria a pilotar nenhuma aeronave, fosse ela um balão ou aeroplano.

O início da Primeira Guerra Mundial

A amizade de Santos Dumont com Jean Jaurès foi responsável pela prisão do nosso pioneiro, logo depois de iniciada a Primeira Guerra Mundial. Esse fato, pouco conhecido, marcou profundamente o futuro de Alberto que, até ali, raras vezes se sentira um estrangeiro na França.

Necessitando de apoio para sua cruzada contra a guerra com a Alemanha, Jaurès mobilizou pacifistas famosos para juntarem-se à campanha que fazia através do jornal *L'Humanité*. Santos Dumont foi um dos que assinaram o manifesto e continuou apoiando o seu amigo, mesmo depois que Jaurès foi acusado de traidor, ao pedir o boicote da guerra pelos operários da França e da Alemanha.

No dia 31 de julho de 1914, sentindo que sua vida corria perigo, o deputado socialista publicou um editorial em que relatava as ameaças que recebera à sua vida, no qual concluía, corajosamente:

Continuaremos nossa campanha contra a guerra, mesmo que queiram me fuzilar.

Nesse verão, Alberto alugara uma casa na praia de Deauville, no litoral da Normandia. Nas noites estreladas, costumava subir ao terraço para praticar seu novo *hobby*, a astronomia. Para isso, comprara um telescópio alemão, dos mais modernos. Um psicólogo amador poderia concluir que, incapaz de erguer-se ao céu, ele agora queria conhecê-lo melhor sem sair da terra, o que podia ser verdade. Entre seus papéis, guardava com carinho a carta que o poeta Olavo Bilac lhe enviara depois da conquista do Prêmio Deutsch. Um texto de alta sensibilidade:

Santos Dumont deu os primeiros passos. Virão, depois, os outros. Não há horizonte fechado à ambição humana. Daqui a pouco, o homem não se contentará em pairar perto da Terra: quererá desaparecer na vastidão gloriosa, quererá chegar ao limite da atmosfera. Depois, dispensará o ar, atravessará o vácuo, visitará o satélite e os planetas, roçará o sol com as asas e, farto de conhecer este nosso mísero sistema solar, irá estudar os outros, até chegar ao centro deles, a esse centro que Flammarion dá o nome de Deus.

E foi contemplando os astros que seu criado Charles o encontrou para dar-lhe a terrível notícia na noite de sábado, 1º de agosto: Jean Jaurès fora assassinado em Paris, às nove horas da noite, em um restaurante próximo à redação do *L'Humanité*. Um fanático belicista, seguramente induzido por gente do governo, dera-lhe um tiro pelas costas. A pessoa que ligou do jornal estava com muita pressa, e medo também.

Naquela mesma noite, uma multidão, composta principalmente de operários, reuniu-se na Praça da República. Todos gritavam em uníssono a mesma frase:

– *Ils ont tué Jaurès!* (Eles mataram Jaurès!)

A polícia entrou em choque com os manifestantes, e houve centenas de prisões. Como se todos só esperassem a morte do grande pacifista, no dia seguinte ao assassinato, a Alemanha declarou guerra à França. E as tropas do Kaiser invadiram a Bélgica na terça-feira, 4 de agosto de 1914. Estava iniciada a guerra que mataria muitos milhões de pessoas e deixaria outros tantos mutilados, na maioria jovens alemães e franceses, em quatro anos de conflito.

Abalado com a morte de Jaurès, Santos Dumont recebeu logo outra péssima notícia pelos jornais: um dirigível alemão bombardeara a cidade belga de Antuérpia, matando dezenas de pessoas. Aeroplanos ingleses, construídos a partir dos planos da sua pacífica *Demoiselle*, tinham atacado a cidade alemã de Colônia. Previa-se, para breve, bombardeios idênticos na França. Os sintomas de sua doença voltaram sob a forma de tonturas e terríveis dores de cabeça. O médico rural receitou-lhe calmantes, que ele se recusou a tomar. Alternando crises depressivas com momentos de euforia, só conseguia distrair-se durante as noites límpidas, percorrendo o céu com o telescópio.

Exatamente por isso, dez dias depois do início da guerra alguns policiais vieram revistar sua casa. A acusação era grave. Santos Dumont estaria espionando a costa francesa para mandar informações em código para a marinha da Alemanha. De nada adiantou o argumento de que ele vivia há vinte anos na França, que recebera as maiores homenagens reservadas aos grandes homens do país, tendo sido condecorado com a Legião de Honra, que era amigo do próprio presidente da França. Os *gendarmes* vasculharam a casa e levaram todos os documentos, fotografias e cartas, além do telescópio, naturalmente.

Como o telefone fora cortado, Charles saiu e

conseguiu comunicar-se com a embaixada do Brasil. O embaixador foi ao palácio dos Champs-Ellysées, e o presidente Poincaré convocou imediatamente o ministro do Interior. Vinte e quatro horas depois do saque, os policiais voltaram com os sacos contendo o material levado, inclusive o telescópio, jogaram tudo na frente da casa e partiram.

Mas o golpe tinha sido demasiado para a saúde abalada de Santos Dumont. Sentindo-se traído pela sua pátria adotiva, resolveu partir imediatamente para o Brasil. Essa decisão foi aprovada pelo diplomata Antônio Prado, seu velho amigo, logo que o telefone voltou a funcionar. Poderia esperar por um navio que partisse do porto do Havre para a América do Sul ou tomar um trem para a Espanha e, de lá, seguir para Portugal. Em Lisboa estaria em segurança e seria mais fácil obter uma passagem marítima para o Rio de Janeiro. E foi por esse caminho que deixou a França, dois dias depois.

Antes disso, porém, tomou uma atitude que teria graves consequências para o trabalho de seus futuros biógrafos. Enojado com todo aquele material manuseado pela polícia, resolveu queimá-lo imediatamente. E destruiu, naquele dia, quase toda a documentação que guardara nos seus últimos 23 anos de vida.

DE VOLTA AO BRASIL

Santos Dumont vivia longe do Brasil desde os dezoito anos. Aos 41, acostumado aos últimos anos de isolamento, principalmente em Deauville, os primeiros meses no Rio de Janeiro e em São Paulo não foram fáceis. A volta do grande herói não combinava com seu temperamento discreto. Depois de receber muitas homenagens, tendo que escutar e pronunciar discursos – o que mais detestava –, tratou de criar uma nova rotina. Aliás, George Goursat disse, uma vez, que seu amigo aeronauta, que falava tão bem português, francês, espanhol e inglês, "preferia enfrentar a morte do que pronunciar duas palavras em público". E isso, principalmente, para agradecer homenagens.

Nos primeiros tempos de seu retorno, Alberto só era feliz no convívio com seus irmãos e sobrinhos, principalmente com Virgínia, casada com o engenheiro Guilherme Vilares. Fora esta irmã querida, sete anos mais velha do que ele, quem o alfabetizara e melhor o compreendera desde a infância. Como vivera muitos anos em Portugal, na cidade do Porto, pudera assistir aos primeiros feitos do irmão em Paris, ajudando-o a comprar o automóvel Peugeot, em 1891, e assistindo ao lançamento do pequeno balão *Brasil*, em 1897. Com ela e Guilherme é que vivia a mãe, dona Francisca, até seu suicídio, em 1902.

Mas essas recordações eram doloridas para o aeronauta que não podia mais pilotar aviões. Era preciso agir para não viver só do passado. Embora detestasse homenagens e discursos, era bom conferencista quando se tratava de falar sobre aviação. Assim, passados poucos meses de seu retorno, aceitou o convite do Aeroclube dos Estados Unidos para participar do Segundo Congresso Científico Pan-Americano, em Washington.

Suas intervenções nos debates foram muito valorizadas e logo o convidaram a visitar uma fábrica de aviões, que o impressionou enormemente:

Eu, que tenho algo de sonhador, nunca imaginei o que tive ocasião de observar ao visitar uma enorme fábrica de aeroplanos. Vi milhares de hábeis mecânicos ocupados na construção de aviões, produzindo diariamente um número de doze a quinze.

Infelizmente, ele também sabia que seus projetos tinham ajudado os engenheiros aeronáuticos dos Estados Unidos em seus primeiros e mais difíceis passos, e que toda aquela atividade era financiada por créditos militares. Ninguém duvidava da importância dos aviões na guerra europeia, e os americanos tratavam de preparar-se para o futuro. Sem poder negar essa evidência, ele só se detinha, em entrevistas e palestras públicas, nas aplicações possíveis da aviação "como arma de defesa das nações americanas".

Terminado o congresso de Washington, o Aeroclube dos Estados Unidos indicou Santos Dumont como seu delegado à Conferência Pan-Americana de Aeronáutica, a ser realizada em 1916, no Chile. Novamente o "brasileiro voador", embora fugisse de coquetéis e homenagens, foi alvo de muitas distinções. Entre elas, a escolha de seu nome para uma das mais importantes avenidas de Santiago.

Na volta ao Brasil, passando pela Argentina, sobrevoou os Andes em um aeroplano pilotado por um militar chileno. Não se trata ainda de um voo comum, mas sim de uma ousadia, devido ao limite de altitude que o aparelho conseguia alcançar. Encantado com essa travessia, Alberto relatou à imprensa de Buenos Aires o quanto o avião havia evoluído e como eram competentes seus colegas do Chile. Também falou na estonteante paisagem, que iria inspirar, alguns anos mais tarde, o autor de *O pequeno príncipe* e *Terra dos homens*, o aviador-escritor Antoine de Saint-Exupéry.

Até o ano de 1917, Santos Dumont não teve uma casa sua, viajando muito entre Rio de Janeiro e São Paulo, principalmente, onde moravam alguns dos seus irmãos e sobrinhos. Mas foi em Petrópolis, cidade tão amada pela princesa Isabel, que ele decidiu fixar residência. Para tanto, comprou um terreno no morro do Encanto e construiu uma casa que denominou "A encantada".

Atualmente, entre as atrações turísticas de Petrópolis, uma das principais é "A encantada", hoje um pequeno museu dedicado a Santos Dumont. Entre as curiosidades, observa-se que a escadinha de entrada só permite que o visitante suba colocando o pé direito em seu primeiro degrau. Desenhada pelo proprietário, ela é mais uma prova de que nosso primeiro aviador continuava a cultuar suas pequenas superstições, mesmo sem arriscar a vida. Também verá uma bela foto de Aída de Acosta que, meses depois de seu primeiro voo em balão dirigível, não resistira à pressão do noivo e da família, casando-se com ele e divorciando-se, vinte anos mais tarde, após uma vida infeliz.

Foi naquela casa, gozando do clima ameno e da tranquilidade, que Alberto Santos Dumont escreveu seu segundo livro de memórias, em 1918, denominado *O que eu vi, o que nós veremos*. No mesmo ano, estimulado pelo fim da Primeira Guerra Mundial e pela inauguração do serviço postal aéreo, nos Estados Unidos, confessou à imprensa "que estava mais tranquilo quanto ao destino dos aviões em atividades pacíficas".

Foi também em 1918 que Santos Dumont recebeu de presente do governo brasileiro o sítio Cabangu, com o terreno e a casa onde nascera. Muito agradecido, mandou ali colocar uma placa com os seguintes dizeres:

Esta casa, onde nasci, me foi oferecida pelo Congresso Nacional como prêmio dos meus trabalhos.

E mandou restaurá-la para que ficasse como era em 1873: paredes caiadas de branco, portais e vigas de madeira pintadas de azul. Trocou o assoalho das duas salas, quatro quartos e demais dependências. Restaurou também a lareira e o teto forrado com esteiras brancas de bambu.

Recordando de seus tempos de menino, e como o local não se prestava ao cultivo do café, resolveu investir na criação de gado. Para tanto, buscou orientação com um especialista em zootecnia, o dr. Luís Pereira Barreto:

Ultimamente tive a honra de ser presenteado pelo Congresso com a casa onde nasci e que se acha colocada no meio dos magníficos campos da Serra da Mantiqueira, dos quais acabo de adquirir uns 250 hectares, nos quais eu desejaria fundar um retiro de criação unicamente da linda raça nacional de caracus, que deve, sem dúvida alguma, todo o seu sucesso ao doutor. Venho, pois, lhe pedir conselhos e perguntar onde poderei encontrar animais dessa raça, o que tiver de mais puro.

No entanto, como não conseguiu um administrador competente, tinha que viajar seguidamente de Petrópolis a Palmira, como se chamava, então, a cidade hoje denominada Santos Dumont. Fazia essa viagem pela mesma estrada de ferro que seu pai ajudara a construir. Com o passar dos meses, a obrigação dessa viagem tornou-se monótona, e as discussões com o capataz insuportáveis.

Santos Dumont desistiu de ser fazendeiro em 1920. Revendeu as terras que comprara, mas, escrupuloso como sempre, guardou a parte que recebera como doação. E, graças a isso, a casa branca de aberturas azuis pode ainda ser visitada. Ela se aninha entre o conjunto de prédios de um magnífico museu aeronáutico, depositário da mais completa coleção de documentos e objetos ligados à vida do nosso pioneiro.

Em Cabangu também está o acervo de Adélia Pinheiro Machado, a primeira mulher a fazer um voo solo entre São Paulo e o Rio de Janeiro, no ano de 1922. Depois disso, seus biógrafos contam que Adélia se tornou uma das aviadoras mais conhecidas do mundo, mas nunca esqueceu um fato acontecido logo após seu *raid*. A jovem, depois de tantas horas de tensão física e emocional, repousava em uma casa nos arredores do Rio de Janeiro, quando a despertaram para receber um senhor "muito educado" que viera visitá-la. Embora exausta, também por simples educação, não tardou a ir encontrá-lo na sala de vistas. O cavalheiro era Santos Dumont que, além dos cumprimentos, lhe trazia um presente raro: a réplica da medalha de São Benedito que lhe fora dada pela princesa Isabel.

Santos Dumont sentira muito a morte da condessa d'Eu, no ano anterior, sem que nunca tivesse recebido permissão das autoridades republicanas para voltar ao Brasil. Se a história de ambos fosse contada em nossas escolas, com os detalhes que merece, os brasileiros iriam valorizar, ainda mais, esses dois vultos históricos. Não somente pelos seus atos mais conhecidos, mas pelo grande valor humano que nos deixaram como exemplo.

Nos anos seguintes, Santos Dumont foi várias vezes a Paris, mas nunca mais quis ali fixar residência. Em fevereiro de 1926, em Genebra, na Suíça, dirigiu um apelo à Sociedade das Nações, embrião da ONU, pedindo a interdição do uso de dirigíveis e aeroplanos como armas de guerra. Fez isso para marcar posição diante da história, pois sabia que suas invenções jamais seriam dispensadas nas guerras futuras.

Em 1927, o americano Charles Lindenberg fez o primeiro voo solitário dos Estados Unidos à Europa. Como prova do grande prestígio que tinha em Paris, o Aeroclube da França convidou Santos Dumont para presidir o banquete que seria oferecido ao aviador americano. Por estar doente, tentando recuperar-se em uma clínica na Suíça, ele teve que declinar do convite.

No final do ano seguinte, depois de obter sensível melhora, decidiu retornar ao Brasil a bordo do *Cap Arcona*. Foi uma viagem tranquila até a manhã fatídica do dia 3 de dezembro de 1928, quando o navio chegava ao Rio de Janeiro. Um hidroavião, com algumas personalidades desejosas de homenagear o "pai da aviação", ergueu voo na baía da Guanabara e dirigiu-se à entrada da barra. Pretendiam jogar sobre o convés um paraquedas com carinhosa mensagem de boas-vindas.

Diante dos olhos de Santos Dumont, o avião, batizado com seu nome, fez uma manobra arriscada e afundou no mar. Ninguém se salvou. Toda a programação de boas-vindas transformou-se em um vale de lágrimas. Alberto participou pessoalmente, durante alguns dias, da procura dos corpos e, depois, acompanhou todos os funerais. À imprensa, que o assediava, concedeu apenas uma frase profissional:

Sempre tenho pedido que não voem na minha chegada. O alvoroço causa grandes imprudências.

Depois, buscando total isolamento, deixou o hotel em Copacabana e subiu para Petrópolis, refugiando-se em "A encantada". Tudo, porém, foi inútil. Ninguém o podia convencer de que não era duas vezes culpado por aquele acidente. Não conseguindo olhar nos olhos de seus conterrâneos, tratou de voltar logo para Paris.

O BOMBARDEIO DO PORTO DE SANTOS

A Revolução Constitucionalista eclodira, em São Paulo, no dia 9 de julho de 1932. Seus motivos de cunho cívico e idealista tinham como objetivo a volta do Brasil ao estado de direito, com obediência estrita à Constituição. Ou seja, exigiam a eleição de um presidente da República, cargo ocupado de forma ditatorial por Getúlio Vargas desde o dia 24 de outubro de 1930.

Política e economicamente, porém, os chamados revolucionários de 30, em sua maioria jovens militares, interpretaram o levante como uma contrarrevolução. Políticos, industriais, grandes comerciantes, na capital de São Paulo, e os chamados "barões do café", nas cidades do interior, que não tinham aderido ao movimento nacional que derrubara seu conterrâneo Washington Luiz, vinham boicotando ostensivamente os interventores nomeados por Vargas e, agora, financiavam a revolta. Quem estava certo ou errado? Até hoje, as interpretações são contraditórias.

Santos Dumont, que voltara definitivamente ao Brasil no ano anterior, tomou posição ao lado dos paulistas e enviou um manifesto a todos os brasileiros exortando-os a apoiarem a lei magna. Essa atitude lhe foi inspirada por mineiros residentes na capital paulista e amigos com quem costumava se encontrar na redação do jornal *O Estado de São Paulo*, entre eles, o editor Júlio de Mesquita Filho. E escreveu a carta, certamente de forma intencional, no dia da queda da Bastilha.

S. Paulo, 14 de julho de 1932.

Meus patrícios:

Solicitado pelos meus conterrâneos, moradores neste Estado, para subscrever uma mensagem que reivindica a ordem constitucional no país, não me é dado, por moléstia, sair do refúgio a que forçosamente me acolhi, mas posso ainda, por estas palavras escritas, afirmar-lhes não só o meu inteiro aplauso, como também o apelo de quem, tendo sempre visado a glória de sua pátria, dentro do progresso harmônico da humanidade, julga poder dirigir-se em geral a todos os seus patrícios acreditando que os problemas de ordem política e econômica que ora se debatem somente dentro da lei magna poderão ser resolvidos, de forma a conduzir a nossa pátria à superior finalidade de seus altos destinos.

Viva o Brasil unido!

(a) Santos Dumont

O refúgio a que se refere era a praia do Guarujá, próxima ao porto de Santos, onde nascera, dois séculos antes, Bartolomeu de Gusmão, o "padre maluco" que voara pela primeira vez em um balão repleto de ar quente.

Embora fosse inverno, os dias de sol permitiram que Santos Dumont caminhasse pelos arredores do Hotel de la Plage, onde se hospedara. Passeios curtos, durante os quais era reconhecido e festejado por crianças em férias. Com elas, parava para conversar e era muito paciente. Já com adultos, mal começavam os elogios, tratava de afastar-se, com uma desculpa qualquer.

Devido ao estado de guerra em que se encontrava São Paulo, apenas um amigo querido, o aviador Edu Chaves, e o sobrinho Jorge Dumont Villares, filho de Virgínia, vieram visitá-lo no dia de seu aniversário. Com eles, Alberto dividiu uma confidência: naquele mesmo dia 20 de julho de 1932, Henrique Dumont estaria completando um século de existência. E, nos quarenta anos que vivera sem ele, raros tinham sido os dias em que não pensara no pai e no quanto lhe era devedor. Recordou, então, uma metáfora muitas vezes repetida em seu círculo íntimo. Todas as invenções que fizera, financiadas com sua parte da fazenda Arindeúva, tinham cheiro de café.

No dia 23 de julho, pela manhã, muitos telegramas de felicitações ainda estavam sobre a escrivaninha de seu quarto, a maioria ainda não aberta. Alberto saíra cedo para dar um passeio pela praia, sem desconfiar do triste espetáculo que o aguardava. Um pequeno avião vermelho chamou-lhe atenção, como uma pipa ou pandorga desgarrada no azul. Mas aquele filho do *14-Bis* e da *Demoiselle* não estava ali para encantar os olhos de ninguém. Embicando em direção ao porto de Santos, começou a bombardeá-lo. E cada uma das explosões que ouvia foi causando, certamente, mais danos no cérebro de Alberto, fragilizado pela doença.

Hoje podemos avaliar a dor que Santos Dumont sentiu ao ver, e não só imaginar, um avião dedicado à tarefa de destruir prédios e navios, de matar pessoas inocentes, elevando-se ao céu e voltando a atacar como se tivesse sido inventado apenas para isso.

Mais tarde, algumas pessoas depuseram à polícia dizendo que viram, durante o bombardeio aéreo, um senhor bem vestido, muito calvo, pequeno e magro, olhando para o sul com os olhos esbugalhados, as mãos abertas sobre os ouvidos. Realidade ou imaginação? A verdade é que Santos Dumont, naquele mesmo dia, enforcou-se em seu quarto de hotel.

O suicídio do "pai da aviação" foi abafado pelas autoridades, a pedido, inicialmente, do sobrinho Jorge, que encontrou o corpo. Mas a morte do homem mais famoso do Brasil não podia ser escondida. Dois dias depois, sem rancores, Getúlio Vargas decretou luto nacional por três dias, salientando que:

O brasileiro Alberto Santos Dumont, inventor da direção dos balões e do voo mecânico, dotando a humanidade de novos engenhos para o seu desenvolvimento, estreitou os laços entre as nações e cooperou para a paz e solidariedade entre os povos, tornando-se, assim, merecedor da gratidão do Brasil, cujo nome honrou e dignificou.

A repercussão da morte de Santos Dumont inundou o Itamaraty, nosso Ministério de Relações Exteriores, de mensagens de condolências do mundo inteiro. Mas as exéquias oficiais tiveram que ser transferidas, estando o Estado de São Paulo isolado pela revolução. Assim, a decisão tomada pela família, em concerto com as autoridades, foi a de embalsamar o corpo e levá-lo do Guarujá até a Catedral da Sé, na capital paulista, onde aguardaria o momento propício para seu translado ao Rio de Janeiro. O enterro seria, conforme sua vontade, no cemitério São João Batista, onde já repousavam Henrique e Francisca, seus pais.

As grandes figuras históricas costumam ser envolvidas pela lenda. E ela não deixou de comparecer ao enterro de Santos Dumont. Dizem que um bando de pombos pousou no telhado da casa de Virgínia, na Avenida Paulista, no exato momento em que o corpo de seu irmão lá chegou, e só alçou voo quando o féretro saiu para a rua. Metáforas que ajudam o povo a guardar a memória de seus heróis.

Mas a saga de Santos Dumont ainda não estava completa. Somente no mês de dezembro, quando a paz permitiu que o translado fosse feito em segurança, o caixão com o corpo foi levado em um trem expresso de São Paulo ao Rio de Janeiro. Autoridades, admiradores, a banda de música da Marinha e uma pequena multidão lotavam a Estação Central do Brasil. Nuvens carregadas toldavam o céu. O calor era insuportável.

O trem entra, finalmente, na estação e a banda começa a tocar o *Cisne branco*. O povo se comprime na plataforma, perturbando a descida dos passageiros. Seis soldados em uniforme de gala abrem caminho até o vagão especial. O caixão é transferido para seus ombros. Mas, conforme os jornais do dia seguinte, o povo não os segue como era de se esperar. Muitas pessoas ali estavam não para chorar por Santos Dumont, e sim para receber um famoso jogador de futebol, chamado Fausto, que deixara São Paulo para jogar no Rio de Janeiro. E para ele se dirigiram, aos gritos, ignorando tudo mais que não fosse sua paixão do momento.

Na frente da Estação Central, forma-se o cortejo. Uma longa distância a percorrer até o cemitério São João Batista. As nuvens estão pesadas de chuva. Começa a ventar. Poucas pessoas acompanham a marcha. Um relâmpago corta o céu e ramifica-se, rapidamente, pelas nuvens. Ruído de trovões como em um canhoneio distante. A chuva começa a cair em catarata. Na frente do caixão de Alberto Santos Dumont, soldados e populares empurram um avião coberto de crepe negro, com as asas partidas.

Epílogo: Quem foi o pioneiro da aviação?

Não é raro ouvir-se comentários que contestam o pioneirismo de Santos Dumont, atribuindo aos irmãos Wright o mérito de serem eles os precursores da aviação. No entanto, na ciência, como na lei, não basta afirmar um fato: é necessário comprová-lo. E essas provas precisam ser muito convincentes.

Santos Dumont tinha plena consciência disso. Jamais deixou de convidar amigos, colegas aeronautas e, principalmente, a imprensa, ao submeter suas invenções à prova definitiva. Fez isso no dia 4 de julho de 1898, com o seu primeiro invento, o *Brasil*, o menor balão esférico do mundo, que mereceu brindes com *champagne* e muitas fotografias. Fez isso pela última vez, no dia 18 de setembro de 1909, com a *Demoiselle*, no voo em que acenou com dois lenços em despedida.

Entre o primeiro voo do *Brasil* e o último da *Demoiselle*, todas suas façanhas foram amplamente testemunhadas: narrativas de jornais, revistas e livros, pareceres oficiais do Aeroclube da França, milhares de fotografias. Até foram filmadas, como aconteceu com o primeiro voo do *14-Bis*, estando esse filme à disposição dos incrédulos.

Quanto aos irmãos Wilbur e Orville Wright, que afirmaram ter voado pela primeira vez com o *Flyer*, em Kitty Hawk, no ano de 1903, a única maneira de aceitar esse fato é acreditando na palavra deles. A prova material é uma fotografia, muito apagada, que um irmão teria tirado do outro, em voo planado. Segundo a revista *L'Illustration*, em sua edição de 6 de junho de 1906, ou seja, *antes* que o *14-Bis* voasse, essa fotografia era bastante discutível:

Ce document est une épreuve en papier photographique. Mais est-ce une photographie? L'aspect est bien equivoque et on y remarque tous les caractères d'un truc. (Esse documento é uma prova em papel fotográfico. Mas será uma fotografia? O aspecto é muito equívoco e ali se podem observar todas as características de uma trucagem.)

Mais tarde, já em Dayton, na única vez que os irmãos convocaram a imprensa para uma demonstração, seu aeroplano não conseguiu voar. E quem disse isso foi um dos que estavam lá, Octave Chanute, o mesmo que trouxera da Europa e lhes fornecera, anteriormente, os detalhes do planador de Lilienthal.

Por essa razão, a primazia dos irmãos Wright demorou a ser aceita até nos Estados Unidos. Ainda em 1917, quando Santos Dumont participou, em Washington, do Segundo Congresso Científico Pan-Americano, todos o receberam como o pioneiro da dirigibilidade dos balões e do voo que desafiou a gravidade terrestre. E nenhum daqueles cientistas do mundo inteiro ergueu-se para contestar. Cientistas, não apenas nacionalistas.

Os irmãos Wilbur e Orville Wright, segundo a história oficial norte-americana, não fizeram demonstrações públicas de seu invento porque estavam interessados em vendê-lo e temiam ser copiados. Exatamente ao contrário de Santos Dumont, que publicava todos os detalhes de seus balões e aeroplanos nas revistas e jornais de maior circulação, inclusive nos Estados Unidos. Nesse aspecto, também causa estranheza que eles tenham registrado, em Londres, no ano de 1904, não o *Flyer*, e sim um simples planador. Se queriam tanto proteger seu invento da pirataria científica, perderam ali uma grande oportunidade.

O que se sabe, com certeza, é que os irmãos Wright tentaram vender seu aeroplano ao exército dos Estados Unidos, mas recusaram-se a fazer uma demonstração aos militares, sem a garantia antecipada da compra. Assim, é claro, o negócio não foi concretizado. E o original dessa recusa oficial, que segue em sua própria língua, bastaria para calar os que ainda acreditam nesse voo que ninguém viu:

It is recommended that the Messrs. Wright be informed that the Board does not care to formulate any requirements for the performance of a flyer machine or take any further action until a machine is produced which by actual operation is shown to be able to produce horizontal flight and to carry un operator. (Recomenda-se que os srs. Wright sejam informados de que esta Diretoria não opinará sobre a capacidade de nenhuma máquina voadora ou tomará atitudes subsequentes até que essa máquina prove ser capaz, por seus próprios meios, de realizar um voo horizontal levando um piloto.)

Logo a seguir, os irmãos enviaram uma carta ao exército francês, potência estrangeira, com a mesma proposta. A França mandou aos Estados Unidos o capitão Ferdinand Ferber, que também não teve a honra de assistir a um voo de demonstração. Para ele, os irmãos afirmaram que haviam interrompido suas experiências para melhor salvaguardar os segredos da sua invenção. Mas deram-lhe o preço do invento: 250 mil dólares, *cash*, ou seja, à vista.

Aliás, esse capitão Ferber, que viu o Flyer em sua plataforma de lançamento e recebeu informações minuciosas sobre o voo que não aconteceu, nunca recusou a Santos Dumont a primazia que lhe queriam tirar:

Santos avançou na conquista do céu, passo a passo, salto a salto, voo a voo.

Foi também o capitão Ferber que recebeu de Wilbur Wright uma carta muito sugestiva, logo após o sucesso do primeiro voo do *14-Bis* ter sido divulgado na imprensa do mundo inteiro. Essa carta, datada de dezembro de 1906, e que está à disposição dos incrédulos nos arquivos históricos do exército francês, solicita o envio de todos os detalhes do *14-Bis*, publicados com autorização de Santos Dumont, principalmente desenhos técnicos. Para que desejavam isso? Logo iremos saber.

Dois anos depois do voo de Bagatelle, os irmãos Wright vieram a Paris para a primeira demonstração pública do *Flyer*. O próprio Santos Dumont assistiu a essa demonstração e cumprimentou os inventores pelo seu sucesso.

Havia somente dois detalhes que não podiam ser negados. O protótipo teve de ser impulsionado mecanicamente por uma espécie de catapulta e correr sobre trilhos, não podendo alçar voo apenas com a força do motor. Depois de voar, o que fez muito bem, pousou e teve de ser levado de volta para seus trilhos. Além dessa total falta de autonomia, o qual o *14-Bis* já possuía mesmo dois anos antes, a atual demonstração não era uma prova de que os irmãos Wright *tinham* voado em 1903. E sim que *talvez* tivessem voado. Além disso, no seu formato, o *Flyer* era *muito parecido* com o *14-Bis*.

Para finalizar, vamos dar a palavra a Alberto Santos Dumont que, embora sofresse com essa pretensão dos irmãos Wright, jamais aceitou polemizar a respeito disso:

No meu íntimo, eu acho que ninguém pode me arrebatar essa conquista. O que diriam Edison, Graham Bell ou Marconi se, depois que apresentaram em público a lâmpada elétrica, o telefone e o telégrafo sem fios, um outro inventor se apresentasse com uma lâmpada elétrica, um telefone ou um aparelho de telégrafo sem fios, dizendo que os tinha construído antes deles?

Os irmãos Wright são motivo de orgulho para os americanos. Não resta dúvida que seus feitos foram memoráveis, mas não devemos, nem podemos desprezar a realidade, quando se trata de estabelecer, no terreno histórico, a verdade cronológica.

Apesar dos pesares, Deus é mesmo brasileiro. Depois da campanha feita, tardiamente, pelos Estados Unidos, para negar a primazia de Santos Dumont; apesar da ausência de provas do feito dos irmãos Wright; apesar do protótipo do *Flyer* não ter conseguido voar no pseudo-centenário, em 2003, na frente do presidente Bush & cia.; apesar de terem começado sua indústria aeronáutica a partir da liberação dos planos da *Demoiselle*, o primeiro avião verdadeiro, o destino os faz homenagear, pelo menos uma vez por ano, o nosso "brasileiro voador".

Havendo 365 dias no ano, foi exatamente no dia 20 de julho, data do aniversário de Santos Dumont, que o primeiro ser humano, este sim, nascido nos Estados Unidos, pisou na lua.

Sobre o autor

ALCY JOSÉ DE VARGAS CHEUICHE nasceu em Pelotas em 1940. Aos quatro anos mudou-se para Alegrete, onde viveu até ingressar na faculdade de veterinária, em Porto Alegre, no final dos anos 50. Estudou também na França, Alemanha e Bélgica. Publicou mais de quinze livros, entre romances: *O gato e a revolução*, *Sepé Tiaraju: romance dos Sete Povos das Missões*, *A Guerra dos Farrapos* (Prêmio Literário Ilha de Laytano), *Nos céus de Paris – o romance da vida de Santos Dumont* (Coleção L&PM POCKET, 1998); poesia: *Meditações de um poeta de gravata*, *Versos do Extremo Sul*; teatro: *O pecado original*; e crônicas: *O planeta azul* e *Na garupa de Chronos*.

Alcy Cheuiche, no dizer de Armindo Trevisan, "é um dos mais notáveis ficcionistas do Rio Grande do Sul, entre os mais identificados com sua gente, seus ideais de cara limpa, suas noites estreladas". Já o ator Paulo Autran, em bilhete enviado de forma espontânea ao autor, afirma: "Li seu livro *Ana sem terra* de uma tacada só. Comecei às 23 horas e fui sem parar até às 3 da manhã. É uma história empolgante e bem narrada. Parabéns!".

Os livros *Ana sem terra* e *Sepé Tiaraju* foram traduzidos para o alemão (Erlagen, Alemanha) e para o espanhol (Banda Oriental, Uruguai). Em 2006, Alcy Cheuiche foi patrono da 52ª edição da Feira do Livro de Porto Alegre.

Coleção L&PM POCKET

1075. **Amor nos tempos de fúria** – Lawrence Ferlinghetti
1076. **A aventura do pudim de Natal** – Agatha Christie
1078. **Amores que matam** – Patricia Faur
1079. **Histórias de pescador** – Mauricio de Sousa
1080. **Pedaços de um caderno manchado de vinho** – Bukowski
1081. **A ferro e fogo: tempo de solidão (vol.1)** – Josué Guimarães
1082. **A ferro e fogo: tempo de guerra (vol.2)** – Josué Guimarães
1084.(17). **Desembarcando o Alzheimer** – Dr. Fernando Lucchese e Dra. Ana Hartmann
1085. **A maldição do espelho** – Agatha Christie
1086. **Uma breve história da filosofia** – Nigel Warburton
1088. **Heróis da História** – Will Durant
1089. **Concerto campestre** – L. A. de Assis Brasil
1090. **Morte nas nuvens** – Agatha Christie
1092. **Aventura em Bagdá** – Agatha Christie
1093. **O cavalo amarelo** – Agatha Christie
1094. **O método de interpretação dos sonhos** – Freud
1095. **Sonetos de amor e desamor** – Vários
1096. **120 tirinhas do Dilbert** – Scott Adams
1097. **200 fábulas de Esopo**
1098. **O curioso caso de Benjamin Button** – F. Scott Fitzgerald
1099. **Piadas para sempre: uma antologia para morrer de rir** – Visconde da Casa Verde
1100. **Hamlet (Mangá)** – Shakespeare
1101. **A arte da guerra (Mangá)** – Sun Tzu
1104. **As melhores histórias da Bíblia (vol.1)** – A. S. Franchini e Carmen Seganfredo
1105. **As melhores histórias da Bíblia (vol.2)** – A. S. Franchini e Carmen Seganfredo
1106. **Psicologia das massas e análise do eu** – Freud
1107. **Guerra Civil Espanhola** – Helen Graham
1108. **A autoestrada do sul e outras histórias** – Julio Cortázar
1109. **O mistério dos sete relógios** – Agatha Christie
1110. **Peanuts: Ninguém gosta de mim... (amor)** – Charles Schulz
1111. **Cadê o bolo?** – Mauricio de Sousa
1112. **O filósofo ignorante** – Voltaire
1113. **Totem e tabu** – Freud
1114. **Filosofia pré-socrática** – Catherine Osborne
1115. **Desejo de status** – Alain de Botton
1118. **Passageiro para Frankfurt** – Agatha Christie
1120. **Kill All Enemies** – Melvin Burgess
1121. **A morte da sra. McGinty** – Agatha Christie
1122. **Revolução Russa** – S. A. Smith
1123. **Até você, Capitu?** – Dalton Trevisan
1124. **O grande Gatsby (Mangá)** – F. S. Fitzgerald
1125. **Assim falou Zaratustra (Mangá)** – Nietzsche
1126. **Peanuts: É para isso que servem os amigos (amizade)** – Charles Schulz
1127.(27). **Nietzsche** – Dorian Astor
1128. **Bidu: Hora do banho** – Mauricio de Sousa
1129. **O melhor do Macanudo Taurino** – Santiago
1130. **Radicci 30 anos** – Iotti
1131. **Show de sabores** – J.A. Pinheiro Machado
1132. **O prazer das palavras** – vol. 3 – Cláudio Moreno
1133. **Morte na praia** – Agatha Christie
1134. **O fardo** – Agatha Christie
1135. **Manifesto do Partido Comunista (Mangá)** – Marx & Engels
1136. **A metamorfose (Mangá)** – Franz Kafka
1137. **Por que você não se casou... ainda** – Tracy McMillan
1138. **Textos autobiográficos** – Bukowski
1139. **A importância de ser prudente** – Oscar Wilde
1140. **Sobre a vontade na natureza** – Arthur Schopenhauer
1141. **Dilbert (8)** – Scott Adams
1142. **Entre dois amores** – Agatha Christie
1143. **Cipreste triste** – Agatha Christie
1144. **Alguém viu uma assombração?** – Mauricio de Sousa
1145. **Mandela** – Elleke Boehmer
1146. **Retrato do artista quando jovem** – James Joyce
1147. **Zadig ou o destino** – Voltaire
1148. **O contrato social (Mangá)** – J.-J. Rousseau
1149. **Garfield fenomenal** – Jim Davis
1150. **A queda da América** – Allen Ginsberg
1151. **Música na noite & outros ensaios** – Aldous Huxley
1152. **Poesias inéditas & Poemas dramáticos** – Fernando Pessoa
1153. **Peanuts: Felicidade é...** – Charles M. Schulz
1154. **Mate-me por favor** – Legs McNeil e Gillian McCain
1155. **Assassinato no Expresso Oriente** – Agatha Christie
1156. **Um punhado de centeio** – Agatha Christie
1157. **A interpretação dos sonhos (Mangá)** – Freud
1158. **Peanuts: Você não entende o sentido da vida** – Charles M. Schulz
1159. **A dinastia Rothschild** – Herbert R. Lottman
1160. **A Mansão Hollow** – Agatha Christie
1161. **Nas montanhas da loucura** – H.P. Lovecraft
1162.(28). **Napoleão Bonaparte** – Pascale Fautrier
1163. **Um corpo na biblioteca** – Agatha Christie
1164. **Inovação** – Mark Dodgson e David Gann
1165. **O que toda mulher deve saber sobre os homens: a afetividade masculina** – Walter Riso
1166. **O amor está no ar** – Mauricio de Sousa
1167. **Testemunha de acusação & outras histórias** – Agatha Christie
1168. **Etiqueta de bolso** – Celia Ribeiro
1169. **Poesia reunida (volume 3)** – Affonso Romano de Sant'Anna
1170. **Emma** – Jane Austen
1171. **Que seja em segredo** – Ana Miranda

1172. **Garfield sem apetite** – Jim Davis
1173. **Garfield: Foi mal...** – Jim Davis
1174. **Os irmãos Karamázov (Mangá)** – Dostoiévski
1175. **O Pequeno Príncipe** – Antoine de Saint-Exupéry
1176. **Peanuts: Ninguém mais tem o espírito aventureiro** – Charles M. Schulz
1177. **Assim falou Zaratustra** – Nietzsche
1178. **Morte no Nilo** – Agatha Christie
1179. **Ê, soneca boa** – Mauricio de Sousa
1180. **Garfield a todo o vapor** – Jim Davis
1181. **Em busca do tempo perdido (Mangá)** – Proust
1182. **Cai o pano: o último caso de Poirot** – Agatha Christie
1183. **Livro para colorir e relaxar** – Livro 1
1184. **Para colorir sem parar**
1185. **Os elefantes não esquecem** – Agatha Christie
1186. **Teoria da relatividade** – Albert Einstein
1187. **Compêndio da psicanálise** – Freud
1188. **Visões de Gerard** – Jack Kerouac
1189. **Fim de verão** – Mohiro Kitoh
1190. **Procurando diversão** – Mauricio de Sousa
1191. **E não sobrou nenhum e outras peças** – Agatha Christie
1192. **Ansiedade** – Daniel Freeman & Jason Freeman
1193. **Garfield: pausa para o almoço** – Jim Davis
1194. **Contos do dia e da noite** – Guy de Maupassant
1195. **O melhor de Hagar 7** – Dik Browne
1196. (29). **Lou Andreas-Salomé** – Dorian Astor
1197. (30). **Pasolini** – René de Ceccatty
1198. **O caso do Hotel Bertram** – Agatha Christie
1199. **Crônicas de motel** – Sam Shepard
1200. **Pequena filosofia da paz interior** – Catherine Rambert
1201. **Os sertões** – Euclides da Cunha
1202. **Treze à mesa** – Agatha Christie
1203. **Bíblia** – John Riches
1204. **Anjos** – David Albert Jones
1205. **As tirinhas do Guri de Uruguaiana 1** – Jair Kobe
1206. **Entre aspas (vol.1)** – Fernando Eichenberg
1207. **Escrita** – Andrew Robinson
1208. **O spleen de Paris: pequenos poemas em prosa** – Charles Baudelaire
1209. **Satíricon** – Petrônio
1210. **O avarento** – Molière
1211. **Queimando na água, afogando-se na chama** – Bukowski
1212. **Miscelânea septuagenária: contos e poemas** – Bukowski
1213. **Que filosofar é aprender a morrer e outros ensaios** – Montaigne
1214. **Da amizade e outros ensaios** – Montaigne
1215. **O medo à espreita e outras histórias** – H.P. Lovecraft
1216. **A obra de arte na era de sua reprodutibilidade técnica** – Walter Benjamin
1217. **Sobre a liberdade** – John Stuart Mill
1218. **O segredo de Chimneys** – Agatha Christie
1219. **Morte na rua Hickory** – Agatha Christie
1220. **Ulisses (Mangá)** – James Joyce
1221. **Ateísmo** – Julian Baggini
1222. **Os melhores contos de Katherine Mansfield** – Katherine Mansfied
1223. (31). **Martin Luther King** – Alain Foix
1224. **Millôr Definitivo: uma antologia de *A Bíblia do Caos*** – Millôr Fernandes
1225. **O Clube das Terças-Feiras e outras histórias** – Agatha Christie
1226. **Por que sou tão sábio** – Nietzsche
1227. **Sobre a mentira** – Platão
1228. **Sobre a leitura *seguido do* Depoimento de Céleste Albaret** – Proust
1229. **O homem do terno marrom** – Agatha Christie
1230. (32). **Jimi Hendrix** – Franck Médioni
1231. **Amor e amizade e outras histórias** – Jane Austen
1232. **Lady Susan, Os Watson e Sanditon** – Jane Austen
1233. **Uma breve história da ciência** – William Bynum
1234. **Macunaíma: o herói sem nenhum caráter** – Mário de Andrade
1235. **A máquina do tempo** – H.G. Wells
1236. **O homem invisível** – H.G. Wells
1237. **Os 36 estratagemas: manual secreto da arte da guerra** – Anônimo
1238. **A mina de ouro e outras histórias** – Agatha Christie
1239. **Pic** – Jack Kerouac
1240. **O habitante da escuridão e outros contos** – H.P. Lovecraft
1241. **O chamado de Cthulhu e outros contos** – H.P. Lovecraft
1242. **O melhor de Meu reino por um cavalo!** – Edição de Ivan Pinheiro Machado
1243. **A guerra dos mundos** – H.G. Wells
1244. **O caso da criada perfeita e outras histórias** – Agatha Christie
1245. **Morte por afogamento e outras histórias** – Agatha Christie
1246. **Assassinato no Comitê Central** – Manuel Vázquez Montalbán
1247. **O papai é pop** – Marcos Piangers
1248. **O papai é pop 2** – Marcos Piangers
1249. **A mamãe é rock** – Ana Cardoso
1250. **Paris boêmia** – Dan Franck
1251. **Paris libertária** – Dan Franck
1252. **Paris ocupada** – Dan Franck
1253. **Uma anedota infame** – Dostoiévski
1254. **O último dia de um condenado** – Victor Hugo
1255. **Nem só de caviar vive o homem** – J.M. Simmel
1256. **Amanhã é outro dia** – J.M. Simmel
1257. **Mulherzinhas** – Louisa May Alcott
1258. **Reforma Protestante** – Peter Marshall
1259. **História econômica global** – Robert C. Allen

1260.(33).**Che Guevara** – Alain Foix
1261.**Câncer** – Nicholas James
1262.**Akhenaton** – Agatha Christie
1263.**Aforismos para a sabedoria de vida** – Arthur Schopenhauer
1264.**Uma história do mundo** – David Coimbra
1265.**Ame e não sofra** – Walter Riso
1266.**Desapegue-se!** – Walter Riso
1267.**Os Sousa: Uma família do barulho** – Mauricio de Sousa
1268.**Nico Demo: O rei da travessura** – Mauricio de Sousa
1269.**Testemunha de acusação e outras peças** – Agatha Christie
1270.(34).**Dostoiévski** – Virgil Tanase
1271.**O melhor de Hagar 8** – Dik Browne
1272.**O melhor de Hagar 9** – Dik Browne
1273.**O melhor de Hagar 10** – Dik e Chris Browne
1274.**Considerações sobre o governo representativo** – John Stuart Mill
1275.**O homem Moisés e a religião monoteísta** – Freud
1276.**Inibição, sintoma e medo** – Freud
1277.**Além do princípio de prazer** – Freud
1278.**O direito de dizer não!** – Walter Riso
1279.**A arte de ser flexível** – Walter Riso
1280.**Casados e descasados** – August Strindberg
1281.**Da Terra à Lua** – Júlio Verne
1282.**Minhas galerias e meus pintores** – Kahnweiler
1283.**A arte do romance** – Virginia Woolf
1284.**Teatro completo v. 1: As aves da noite** *seguido de* **O visitante** – Hilda Hilst
1285.**Teatro completo v. 2: O verdugo** *seguido de* **A morte do patriarca** – Hilda Hilst
1286.**Teatro completo v. 3: O rato no muro** *seguido de* **Auto da barca de Camiri** – Hilda Hilst
1287.**Teatro completo v. 4: A empresa** *seguido de* **O novo sistema** – Hilda Hilst
1288.**Fora de mim** – Martha Medeiros
1289.**Divã** – Martha Medeiros
1291.**Sobre a genealogia da moral: um escrito polêmico** – Nietzsche
1292.**A consciência de Zeno** – Italo Svevo
1293.**Células-tronco** – Jonathan Slack
1294.**O fim do ciúme e outros contos** – Proust
1295.**A jangada** – Júlio Verne
1296.**A ilha do dr. Moreau** – H.G. Wells
1297.**Ninho de fidalgos** – Ivan Turguêniev
1298.**Jane Eyre** – Charlotte Brontë
1299.**Sobre gatos** – Bukowski
1300.**Sobre o amor** – Bukowski
1301.**Escrever para não enlouquecer** – Bukowski
1302.**222 receitas** – J. A. Pinheiro Machado
1303.**Reinações de Narizinho** – Monteiro Lobato
1304.**O Saci** – Monteiro Lobato
1305.**Memórias da Emília** – Monteiro Lobato
1306.**O Picapau Amarelo** – Monteiro Lobato
1307.**A reforma da Natureza** – Monteiro Lobato
1308.**Fábulas** *seguido de* **Histórias diversas** – Monteiro Lobato
1309.**Aventuras de Hans Staden** – Monteiro Lobato
1310.**Peter Pan** – Monteiro Lobato
1311.**Dom Quixote das crianças** – Monteiro Lobato
1312.**O Minotauro** – Monteiro Lobato
1313.**Um quarto só seu** – Virginia Woolf
1314.**Sonetos** – Shakespeare
1315.(35).**Thoreau** – Marie Berthoumieu e Laura El Makki
1316.**Teoria da arte** – Cynthia Freeland
1317.**A arte da prudência** – Baltasar Gracián
1318.**O louco** *seguido de* **Areia e espuma** – Khalil Gibran
1319.**O profeta** *seguido de* **O jardim do profeta** – Khalil Gibran
1320.**Jesus, o Filho do Homem** – Khalil Gibran
1321.**A luta** – Norman Mailer
1322.**Sobre o sofrimento do mundo e outros ensaios** – Schopenhauer
1323.**Epidemiologia** – Rodolfo Sacacci
1324.**Japão moderno** – Christopher Goto-Jones
1325.**A arte da meditação** – Matthieu Ricard
1326.**O adversário secreto** – Agatha Christie
1327.**Pollyanna** – Eleanor H. Porter
1328.**Espelhos** – Eduardo Galeano
1329.**A Vênus das peles** – Sacher-Masoch
1330.**O 18 de brumário de Luís Bonaparte** – Karl Marx
1331.**Um jogo para os vivos** – Patricia Highsmith
1332.**A tristeza pode esperar** – J.J. Camargo
1333.**Vinte poemas de amor e uma canção desesperada** – Pablo Neruda
1334.**Judaísmo** – Norman Solomon
1335.**Esquizofrenia** – Christopher Frith & Eve Johnstone
1336.**Seis personagens em busca de um autor** – Luigi Pirandello
1337.**A Fazenda dos Animais** – George Orwell
1338.**1984** – George Orwell
1339.**Ubu Rei** – Alfred Jarry
1340.**Sobre bêbados e bebidas** – Bukowski
1341.**Tempestade para os vivos e para os mortos** – Bukowski
1342.**Complicado** – Natsume Ono
1343.**Sobre o livre-arbítrio** – Schopenhauer
1344.**Uma breve história da literatura** – John Sutherland
1345.**Você fica tão sozinho às vezes que até faz sentido** – Bukowski
1346.**Um apartamento em Paris** – Guillaume Musso
1347.**Receitas fáceis e saborosas** – José Antonio Pinheiro Machado
1348.**Por que engordamos** – Gary Taubes
1349.**A fabulosa história do hospital** – Jean-Noël Fabiani
1350.**Voo noturno** *seguido de* **Terra dos homens** – Antoine de Saint-Exupéry
1351.**Doutor Sax** – Jack Kerouac
1352.**O livro do Tao e da virtude** – Lao-Tsé
1353.**Pista negra** – Antonio Manzini
1354.**A chave de vidro** – Dashiell Hammett
1355.**Martin Eden** – Jack London

lepmeditores

www.lpm.com.br
o site que conta tudo

Impresso na Gráfica BMF
2023